HEINRICH HEINE
UND LÜNEBURG

Werner H. Preuß

Heinrich Heine und Lüneburg

Loreley am Lösegraben

CHRISTIANS

Gefördert mit Hilfe von Mitteln
des Bundesministeriums für innerdeutsche
Beziehungen und Forschungsmitteln des
Landes Niedersachsen
Herausgegeben von der Literarischen Gesellschaft
Lüneburg e. V.

CIP-Titelaufnahme der Deutschen Bibliothek

Preuss, Werner Hermann:
Heinrich Heine und Lüneburg : Loreley am Lösegraben /
Werner H. Preuss. [Hrsg. von d. Literar. Ges.
Lüneburg e. V.]. – Hamburg : Christians, 1987
ISBN 3-7672-1030-4

Zum Geleit

Düsseldorf und Bonn lagen im französischen Einflußbereich. Göttingen war Universitätsstadt. Das Berlin Hegels bildete neben Weimar das zweite geistige Zentrum Deutschlands. Nach Hamburg reiste man in eine weltoffene Handelsmetropole. Lüneburg besaß solche Vorzüge nicht. Es zeichnete sich vielmehr durch eine unkultivierte Landschaft aus - so empfand man zu Heines Zeit die "Lüneburger Heide". Die Stadt gehörte zum rückständigen Königreich Hannover, das die Folter erst 1822 abschaffte, und lebte von vergangener Größe. Für deutsche Städte war Lüneburg typisch, weil es durchschnittlich war. Das Deutschlandbild, das Heine 1831 ins französische Exil hinübernahm, trug wesentlich auch seine Züge. An keiner anderen Station seines Lebens ist die Welt Heines bis heute so rein und unversehrt erhalten geblieben wie in Lüneburg. Das "Heinrich-Heine-Haus", ein prächtig ausgestatteter Renaissancebau, der zur Zeit mit großem Aufwand restauriert wird, zeugt von der Herrlichkeit des einstigen Salzpatriziats. Die Chronik des Hauses registriert den Niedergang. 1822 erhielten Heines Eltern nach einem vier Monate währenden Verfahren ein eingeschränktes Aufenthaltsrecht in Lüneburg. Sie blieben bis 1828. In dieser Zeit kehrte Heine dorthin mehrfach in den "Schoß der Familie" heim. Da das gesellschaftliche Leben der Stadt ihm nur wenig Anregung oder Zerstreuung zu bieten vermochte, fand er Muße zu dichten. Zur berühmten "Loreley" regte ihn beispielsweise die Landschaft vor dem ehemaligen Stadtgraben an. Die Freundschaft mit Rudolf Christiani, dem Sohn des Superintendenten, währte ein Leben lang. In den Gesprächen mit seinen Lüneburger Bekannten spiegelte sich Heines brennender Wunsch nach religiöser Klärung. Er liebte das Leben. Eben darum "rang er mit Gott", verlangte es ihn nach universeller Erlösung.

Der vorliegende Band leuchtet einige Aspekte zum Komplex "Heinrich Heine und Lüneburg" aus und versucht, ihn damit zu umreißen. Den Gegenstand erschöpfend abzuhandeln muß einer größeren Studie vorbehalten bleiben. Dieser

Band präsentiert Erkenntnisse über die Wechselbeziehungen zwischen Dichter und Stadt, die ich, beauftragt von Professor Dr. Otfried Hoppe, Hochschule Lüneburg, und gefördert durch Forschungsmittel des Landes Niedersachsen, in einjähriger Archivarbeit gewinnen konnte. Zugleich soll das Buch durch die Ausstellung führen, die die Ratsbücherei, unterstützt von der Literarischen Gesellschaft Lüneburg, aus Anlaß von Heines 190. Geburtstag am 13.12.1987 eröffnen wird. Ich danke allen, die mir bei meinen Forschungsarbeiten behilflich waren, insbesondere Herrn Brauss (Stadtarchiv Lüneburg), Frau Prien (Fotografin) und Frau Jänicke (Hochschule Lüneburg).

Bardowick, den 27. September 1987   Werner Preuß

Inhalt

A.

Das Haus

I.

Bilderschrift am "Heine-Haus"

Das "Heinrich-Heine-Haus" am Ochsenmarkt ist ein besonders schönes Beispiel für die kulturelle Blüte der "Renaissance des Nordens"(Bild 1), ein Zeugnis für den Bürgerstolz und den Reichtum der kleinen Lüneburger Oberschicht, die sich an Vermögen mit jedem Grafen messen konnte [1]. Zugleich steht es als ein Denkmal für die Freiheitsliebe und das aufgeschlossene Kunstverständnis seines Bauherrn Hartwig von Witzendorff (1522-1565) [2].

Das im Stadtarchiv erhaltene Baubuch weist zwei Eintragungen auf, denen zu entnehmen ist, daß sich das Haus 1563 noch im Bau befand: Zum Preis von acht Mark kauft Hartwig von Witzendorff aus städtischen Beständen 1000 "Sterthwendenn" an, Tausteine, von denen heute noch etwa 700 die Fassade zur Burmeisterstraße zieren [3]. Als Anerkennung seines Bauvorhabens werden ihm darüber hinaus acht Chor (= Karren, Wispel) Kalk "verereth", also geschenkt (Bild 6) [4]. Wie die bauhistorische Untersuchung ergeben hat, die die Braunschweiger "Arbeitsgruppe Altstadt" 1986 im Auftrag der Stadt Lüneburg durchführte, wurde das Haus an der Stätte älterer Gebäude errichtet, deren Bausubstanz an mehreren Stellen mit einbezogen wurde. Die ältesten Teile des Kellers stammen aus der Zeit um 1300 [5].

Der um 1565 errichtete Neubau des "Heine-Hauses" diente ursprünglich offenbar ausschließlich Repräsentationszwecken. Sogar im 1. Stockwerk, wo in Lüneburger Bürgerhäusern gewöhnlich die Kammern des Dienstpersonals lagen, fand man farbig gefaßte Räume [6]. Vor allem aber der zweigeschossige, mit sehr gut erhaltenen figürlichen Darstellungen bemalte Tanzsaal im nördlichen Anbau vermittelt einen Eindruck von der ursprünglichen Pracht dieses Repräsentationsbaus (Bilder 9, 10). Die zugehörigen Wohnräume befanden sich offenbar im Nebenhaus (heute Volksbank), das sich am Ochsenmarkt traufenständig (längsseits) ans "Heine-Haus" anschloß. Wie die bauhistorische Untersuchung ergab, waren beide Häuser über Durchgänge miteinander verbunden [7]. Bis 1714 wurden sie gemeinsam besteuert [8], bis 1775 übersprang die Zählung der Hausnummern in den Schoß-(=Steuer-)Listen sogar das heutige Volksbankgebäude, um das ehemalige Haupthaus dem Nebengebäude vorzuziehen [9]. Eine Abbildung des Marktplatzes aus der "Heine-Zeit" zeigt es noch mit einem Dacherker versehen, so daß es der Fassade des "Heine-Hauses" zur Burmeisterstraße ähnelte (Bild 31). Zu dem Häuserkomplex zählten ferner fünf, ab 1781 sieben "Hinterbuden" in der Burmeisterstraße [10].

Die Giebelfassade des "Heine-Hauses" ist für Lüneburger Bürgerhäuser ungewöhnlich. Seit dem 13. Jahrhundert hatte sich in den nordischen Hansestädten die Verwendung des Staffel- oder Treppengiebels eingebürgert [11], dem ein Spitzbogenportal entsprach. Reich verziert wurde die Fassade durch verschiedene Arten von Formziegeln, seit etwa 1500 auch durch Tausteine [12]. Sandstein wurde in Lüneburg als Baustoff kaum verwendet. Vom Staffelgiebel ist am "Heine-Haus" die durch darüberliegende Delphindarstellungen veränderte Grundform erhalten (Bild 2); das Spitzbogenportal dagegen wurde gänzlich verworfen. An seiner Statt errichtete man ein klassizistisch-rechteckiges Tor (Bild 4), dem das Frontgiebeldreieck über der mittleren Giebelstaffel vollkommen entspricht.

In der klaren und schlichten horizontalen Linie, die in der Architektur der Renaissance die himmelwärts gerichtete der Gotik ablöst, spiegelt sich ein neues bürgerliches Selbstbewußtsein: Die streng hierarchisch auf Kaiser und Papst "nach oben" ausgerichtete staatliche Ordnung wird von den erstarkten Fürsten und dem städtischen Patriziat nicht mehr anerkannt. Die Bauern empören sich gegen die Obrigkeit. Die Reformation bricht mit der päpstlichen Autorität und verkündet stattdessen ein neues "waagerechtes" Verständnis von der Gleichheit der Menschen vor Gott. Mit den Entdeckungsfahrten tritt der Horizont ins Bewußtsein der Menschen; die Malerei entdeckt die Perspektive. Der "Verweltlichung" des gesamten Lebens entspricht die Wiederentdeckung der heidnischen Antike. Mit dem Verlust des festen Haltes, den eine starke staatliche und religiöse Autorität den Menschen des Mittelalters noch zu verleihen vermochte, bricht auch die Angst vor den anarchischen Kräften des Bösen los: der Hexenwahn. Die Ausdehnung seines Horizontes aber macht dem Menschen der Renaissance zugleich seine Einsamkeit, seine Endlichkeit und Erlösungsbedürftigkeit bewußt. Die ganze Welt scheint ihm mehr und mehr aus Bruchstücken zu bestehen, die sich nach einer heilen Welt sehnen und als Sinnbilder des Todes auf die Erlösung hindeuten. Schließlich wird also die klassizistisch-klare Form der Renaissance vom Wust barocker Allegorien durchbrochen und überlagert.

Es gibt Anzeichen dafür, daß die Horizontale an der Giebelfassade des "Heine-Hauses" ursprünglich noch weitaus deutlicher betont worden war, als heute noch sichtbar ist. Am Giebelansatz zieht sich über die gesamte Vorderfront eine Reihe von Sandsteinquadern hin. Auch über der Tür zwischen 1. und 2. Stockwerk sowie zwischen 2. Obergeschoß und Giebelansatz finden sich im Mauerwerk rechteckige Sandsteinbrocken. Ein Blick auf die Stadtansicht Daniel Freeses aus dem Jahre 1611, hilft diesen Umstand zu erklären [13]. Der Kupferstich zeigt am Lüneburger Marktplatz an der Stelle des heutigen Landgerichts (einst herzogliches Schloß) zwei offenbar zusammenhängende Häuser von überraschender Ähnlichkeit mit dem "Heine-Haus" (Bild 3). Sie wurden ebenfalls um 1560 erbaut und gehörten Franz von Witzendorff (1520-1574), einem Bruder Hartwigs. Das zu diesem Doppelhaus gehörige Hintergebäude stand bis 1936 in der Bardowicker Straße und wurde wiederholt als Muster Lüneburger Renaissancebaukunst gerühmt [14].

Die Marktfassaden dieser Häuser weisen gleichfalls klassizistisch-rechteckige Portale auf, denen jeweils Frontgiebeldreiecke über den mittleren Giebelstaffeln entsprechen. Die übrigen Treppenstufen scheinen ebenfalls durch darüberliegende Delphindarstellungen geschmückt zu sein. Den Sandsteinquadern am Giebelansatz des "Heine-Hauses" aber entspricht ein kräftiger Sandsteinbalken, der sich über beide Häuser hinzieht. Über beiden Portalen erkennt man zweigeschossige Vorbauten. Solche Erker waren in Lüneburg sehr selten. Im deutschen Nord- und Ostseebereich bevorzugte man stattdessen "Utluchten", Standerker [15]. Ein darüber gesetzter Vorbau würde aber einen Grund für das

Fehlen eines Spitzbogens über dem Portal des "Heine-Hauses" liefern. Doch hat die Bauforschung dies noch zu erweisen.

Mit der Wiederentdeckung der Antike findet auch das frühchristliche Sinnbild des Delphins wieder Eingang in die Kunst. Stets wird er mit stark gewölbtem Kopf nach dem Vorbild des Tümmler-Wales und deutlicher Einkerbung über der schnabelartigen, bezahnten Schnauze dargestellt, wie sie dem Delphin eigen ist. Vom Fisch unterscheidet ihn auf Abbildungen ein beweglicher, oft gewundener Leib, der häufig in einer palmetten- oder quastenförmigen Schwanzflosse endet. Seine Rückenflosse wird vielfach schopfartig gestaltet [16]. Die "Naturalis historia" des römischen Schriftstellers Plinius (23-79 n.Chr.), eine gewaltige Enzyklopädie in 37 Büchern, galt bis zur Herausbildung der modernen Naturwissenschaft als Standardwerk für alle Sparten der Naturkunde [17]. Im 8. Kapitel des 9. Buches beschreibt Plinius den Delphin als den Menschenfreund unter den Tieren, dem er eine besondere Vorliebe für die Musik nachsagt [18]. Eine Reihe von kleinen Geschichten belegt die innige Freundschaft zwischen dem Delphin und Kindern, mit denen er im Wasser spielt, denen er aus der Hand frißt und die er schließlich auf seinem Rücken die Meere durchreiten läßt. Seinen menschlichen Freunden hält er die Treue bis in den Tod und stirbt sogar vor Kummer, wenn sein kindlicher Spielgefährte ums Leben gekommen ist. Er begleitet die Fischer, denen er beim Fischfang hilft und deren Boote er selbst unter vollen Segeln noch überholt. Er rettet Schiffbrüchige und Opfer von Seeräubern; auch Ertrunkene trägt er ans Ufer. Der Delphin ist ein friedfertiges und soziales Wesen, das dennoch kämpfen kann. Tiefe Feindschaft hegt er gegenüber dem Krokodil, das er tötet, indem er ihm mit der scharfen Rückenflosse von unten den Bauch aufschlitzt [19].

Der Delphin als Retter der Unschuld und Feind des Bösen eignet sich also zum Wahrzeichen eines Humanisten. Schon in der heidnischen Antike galt er als der freundliche Begleiter der Vestorbenen ins Totenreich. Darauf beziehen sich auch Goethes Verse, Faust II, 8313 ff.:

"Das Erdetreiben, wie's auch sei,

Ist immer doch nur Plackerei;

Dem Leben frommt die Welle besser;

Die trägt ins ewige Gewässer

Proteus-Delphin." [20]

Das Christentum hat sich des Delphinsymbols früh angenommen und auf Christus gedeutet. Christlich-antike Grabmäler wurden häufig mit Delphinen geschmückt, oft in Verbindung mit Muscheldarstellungen [21], die das Grabgefäß versinnbildlichen. In ihm liegt der Leib des Toten verschlossen wie die Perle in der Muschel, bis Christus-Delphin ihn ins ewige Leben trägt. Da die Muschelschnecke sich nach alter Vorstellung nicht durch geschlechtlichen Kontakt vermehrt, sondern von Tautropfen befruchtet wird, kann sie mit dem Grabgefäß zugleich das von Erbsünde reine Jenseits versinnbildlichen [22].

Die Sandsteinreliefs am "Heine-Haus" (Bild 2) stehen also in der Traditionslinie christlich-antiken Grabschmucks und der Kunst der italienischen Renaissance. Man kann sie wie eine Bilderschrift lesen:

Die rettenden Delphine werden von Hippokampen umlagert, Fabelwesen, die aus der Gestalt des Seepferdchens unter der Vorstellung der Welle entwickelt wurden [23]. Sie verkörpern die Meereswogen, die oft mit galoppierenden Rössern verglichen werden und Schiffbrüchige zu verschlingen drohen. Hinter ihren gerollten Schwänzen tauchen die Köpfe von Nereiden und Tritonen auf, weiblichen und männlichen Meergeistern mit nixenähnlicher Gestalt und zottelig gewelltem Haar. In diesen Allegorien spiegelt sich die Angst des Renaissancemenschen vor einer Welt, die ihm als offene, von Hexen und Dämonen bevölkerte See erscheint. Man lebt gleichsam schon im Grab, versinnbildlicht in den aufgeklappten Muschelschalen der Nischen am Portal des "Heine-Hauses": Die muschelförmigen Konsolen bilden jeweils die untere Schale. Die Muscheldeckel erkennt man deutlich in den Bögen über den Nischen (Bild 4).

In Renaissance und Barock verdrängte man bei aller Lebensfreude und Prachtliebe nicht den Gedanken an Tod und Jenseits. Dem Tanzsaal hinten im "Heine-Haus" entsprachen sowohl die Delphindarstellungen am Giebel als auch die Muschelreliefs in den Nischen des Portals. Die Bedeutung dieser Allegorien wurde wohl noch unterstrichen durch die Figuren, die sich wahrscheinlich einst in diesen Nischen befunden haben. 1566 pries der Dichter Lucas Lossius das Haus Hartwig von Witzendorffs mit den Worten (in der Übersetzung von Hans Dumrese): "Auch dein neues, geräumiges Haus erglänzet im Norden, Hartwig Witzendorff, an der Front die Voreltern weisend" [24]. Im lateinischen Original ist sogar von "primos parentes", den ersten Eltern, also von Adam und Eva, die Rede. Als ungewöhnlicher Fassadenschmuck werden sich, wie Hans Dumrese schon vermutete [25], in den Nischen des Portals die Sandsteinstatuen von Adam und Eva befunden haben, die heute noch in der Nikolaikirche zu sehen sind [26]. Sie versinnbildlichen den sündigen Menschen schlechthin. Die Wappen Hartwig von Witzendorffs und seiner Gemahlin Beata Haker über den Nischen aber stellen den persönlichen Bezug auf die Besitzer des Hauses her: So wie Adam und Eva bedürfen auch sie der Erlösung.

Diese Wappendarstellungen ermöglichen auch eine Datierung der Fassade auf die Zeit vor 1565. Denn die Verbindung Witzendorff/Haker kommt in der langen Reihe der Besitzer des Hauses nur ein einziges Mal vor: beim Bauherrn und seiner Frau [27].

Einen den Witzendorffschen Häusern am Markt ähnlichen Giebel zeigt die Darstellung des "Himmlischen Jerusalems" von Daniel Freese (1576), die sich heute in der "Neuen Ratsstube" im Rathaus befindet. In Muschelreliefs auslaufende Nischen weist auch das Portal von 1585 auf, das ins Haus Koltmannstraße 2 eingefügt worden ist. Eine ganze Reihe ähnlicher Nischen ist darüber hinaus an den von Albert von Soest zwischen 1566 und 1584 geschnitzten Drehpfeilern der Tür zur "Neuen Ratsstube" zu sehen. Sie werden jeweils von allegorischen Personen eingenommen.

Hartwig von Witzendorff verstarb vielleicht noch vor Vollendung des Gebäudes am 4. Juni 1565, da erst die Schoßliste des folgenden Jahres den Wert des Hauses auf 3500 Mark festsetzte [28]. Seine Frau Beata Haker zog daraufhin nach Lübeck, wo sie 1569 verstarb [29]. Bis 1571 wurde das "Heine-Haus" von Anna von Stöteroggen (1494 - 1571), der Mutter Hartwig von Witzendorffs, bewohnt [30]. Ihr Emblem ziert gemeinsam mit dem ihres Mannes Hieronymus von Witzendorff (1493 - 1556) in einem Hochzeitswappen rechts die Vorderfront des "Heine-Hauses". Über Eck befindet sich in der Burmeisterstraße das Hochzeitswappen der Eltern von Beata Haker.

Hieronymus von Witzendorff zählt zu den verdienstvollsten Bürgermeistern in der langen Geschichte Lüneburgs. Mit Recht wird er auf seinem Grabstein (in deutscher Übersetzung von Klaus Alpers) als "Beschützer der Freiheit Deutschlands und der wieder gereinigten Religion" gepriesen [31]. Ihm verdankt Lüneburg die Einführung der Reformation, die die deutschen Fürsten gegenüber dem Kaiser stärkte. Sie brachte den Landesherrn in den Besitz der Kirchengüter. Zugleich war Hieronymus von Witzendorff bemüht, die Freiheit der Stadt Lüneburg gegenüber der herzoglichen Oberhoheit zu bewahren. Ein silbernes Prunkbecken, das seine Erben 1556 auf seinen Wunsch hin anfertigen ließen, ist in einer Nachbildung noch im Rathaus zu sehen. Seinen Boden ziert der Wahlspruch (in deutscher Übersetzung von Klaus Alpers): "Die Freiheit, die die Vorfahren errungen haben, sollen die Nachkommen mit größtem Eifer zu erhalten trachten" [32].

Von diesem Bürgerstolz zeugen auch die Wappendarstellungen am "Heine-Haus", durch deren Verwendung der Bauherr sich zur Nachfolge seiner Eltern bekennt [33].

1533 und 1534 entsandte Hieronymus von Witzendorff seine Söhne auf die Universitäten Wittenberg und Frankfurt/Oder. Seine Studien krönte Franz, der Bauherr der Witzendorffschen Häuser am Markt, mit einer Bildungsreise durch Deutschland und Italien [34]. Vielleicht begleitete ihn sein Bruder Hartwig, so daß beide antike und zeitgenössische Zeugnisse der italienischen Kunst aus eigener Anschauung kennenlernen konnten. Die Darstellungen am "Heine-Haus" werden eine Frucht dieser Reise gewesen sein. In ihnen spiegeln sich die Freiheitsliebe und geistige Aufgeschlossenheit des Renaissancemenschen. Sie zeigen aber auch die Kehrseite: den Verlust an Sicherheit, der sich bis zum Hexenwahn steigerte. In dieser Not suchte man Zuflucht im "gereinigten", inbrünstigen Glauben, der dem Gläubigen allen Zweifeln zum Trotz die Rettung durch Christus-Delphin zusicherte.

II.
Auszug aus der Chronik des
"Heinrich-Heine-Hauses" in Lüneburg [35]

Um 1300	Die ältesten Teile des Kellers, Mauerreste aus Granitfeldsteinen, stammen aus der Zeit um 1300.
1484	erhält der Ratsherr und Sothmeister Hans von Witzendorff (1456 - 1507) das Haus als Mitgift seiner Frau Ilsabe (1467 - 1525), Tochter des Hinrik Lange. Auf Mauerresten zweier älterer Häuser wird ein neues Haus errichtet [36].
1525	Nach dem Tod Ilsabe von Witzendorffs erbt ihr jüngerer Sohn Heinrich (1496 - 1538) das Gebäude.
1531	Am 24. März trifft der Theologe Urbanus Rhegius in Lüneburg ein, um die Reformation durchzuführen. Er wohnt im Haus des Sülfmeisters Heinrich von Witzendorff.
1532 - 1534	Zweiter Aufenthalt des Urbanus Rhegius als Gast der Witzendorffs in Lüneburg.
1538	Nach dem Tode Heinrichs erbt sein älterer Bruder, der Bürgermeister Hieronymus von Witzendorff (1493 - 1556), das Gebäude.
1556	hinterläßt Hieronymus das Haus seinem jüngeren Sohn Hartwig von Witzendorff (1522 - 1565).
Um 1563	wird das erst etwa achtzig Jahre alte Gebäude abgebrochen, die Grundfläche noch einmal verdoppelt und unter Einbeziehung

alter Bausubstanz das heutige "Heinrich-Heine-Haus" mit einem Nebengebäude (heute Volksbank) errichtet.

1565 - 1571   Nach dem Tode Hartwigs steht seine Mutter Anna, geb. von Stöteroggen (1494 - 1571), der Erbengemeinschaft ihrer Enkel Anna (1549 - 1590), Beata (1550 - 1632), Hieronymus (1552 - 1589), Johannes (1553 - 1589) und Catharina (1555 - 1587) vor.

1567   Beata vermählt sich mit dem Ratsverwandten Thidericus von Elver (1540 - 1588).

1571   Anna vermählt sich mit dem späteren herzoglichen Kanzler zu Celle Friedrich von Weyhe (1539 - 1603).

1579   Hieronymus heiratet Catharina Stüver (1557 - 1619).

1591   Nach dem Tode ihres ersten Gemahls heiratet Beata den Ratsherrn Ludolph von Lafferdt (gest. 1599).

1592   Nach dem Tode von Hieronymus und Anna vermählen sich ihre Gatten Friedrich von Weyhe und Catharina, geb. Stüver, miteinander. Man nennt das Anwesen nun des "Canzlers Haus".

1599   verherrlicht der Kanzler den Besuch des Lüneburger Fastnachtsfestes, der Kopefahrt, durch die herzöglichen Gebrüder August, Magnus, Georg und Johann sowie ihrer vier Schwestern mit einem Tanzfest.

1603 - 1629   Nach dem Tode Friedrich von Weyhes wird das Anwesen 26 Jahre unter dem Namen seiner Frau Catharina, geb. Stüver, verw. von Witzendorff, als der "Canzlerinnen 2 Heüser" geführt.

1630 - 1632	Für zwei Jahre bis zu ihrem Ableben im Alter von 82 Jahren steht Beata von Lafferdt, letzte lebende Tochter des Erbauers Hartwig von Witzendorff, dem späteren "Heinrich-Heine-Haus" vor.
1632	erbt ihre Enkelin Anna (1604 - 1669), Tochter ihres Sohnes aus erster Ehe Albert von Elver (1574 - 1628), den Gebäudekomplex. Sie ist mit dem Ratsherrn und späteren Sothmeister Nicolaus von Düsterhop (1597 - 1651) vermählt und macht ihn nun zum neuen Besitzer des Hauses.
1651	Nach dem Tode Nicolaus von Düsterhops führt Anna das Anwesen selbst.
1654	fünfzigjährig vermählt sie sich mit dem zwanzig Jahre jüngeren späteren Sothmeister Georg von Dassel (1624 - 1685). Unter seinem Namen wird das Haus nun verzeichnet.
1667/68	beziehen vermutlich Mitglieder des Hofstaates im Hause Quartier, die Herzog Georg Wilhelm und seinen Bruder Prinz Ernst August während eines halbjährigen Aufenthalts in Lüneburg umgeben.
1671	Nach dem Tode Anna von Dassels, geb. von Elver, verbindet sich ihr Gemahl Georg von Dassel im Alter von 47 Jahren mit der dreiundzwanzigjährigen Elisabetha Dorothea von Braunschweig (geb. 1648).

1682	werden 5 Hinterbuden, vermutlich aus einem Raum bestehende Häuschen, erwähnt. Sie wurden in den folgenden Jahren von Soldaten, Invaliden, Witwen, Arbeitern, armen Handwerkern u.a. bewohnt.
1685	stirbt Georg von Dassel.
1689	heiratet seine Gattin Elisabetha Dorothea, geb. von Braunschweig, Hartwig von Dassel (geb. 1649), einen Cousin ihres ersten Mannes.
1691	erben Georg von Dassels Kinder, Georg David (geb. 1672, später Bürgermeister), Margaretha Elisabeth (geb. 1676) und Catharina Dorothea (geb. 1683), das Anwesen.
1693	wird der Gebäudekomplex an Herzog Georg Wilhelm veräußert. In eine Hinterbude zieht ein italienischer Maurermeister, vermutlich der mit dem Bau des Schlosses beauftragte Domenico Antonio Rossi.
1695	erwirbt Generalauditor Dr. Anthon Dölffer das Anwesen, da das Haus dem Komplex des neuen Schlosses nicht mehr einverleibt werden soll.
Bis 1706	dient es hohen Offizieren als Quartier.
1706 - 1722	bewohnt es "Jacob Ahrens, der Jude", Sohn des Isaak Arens, des ersten Juden, welcher sich seit dem "Pestpogrom" von 1350 nachweisbar in Lüneburg niederließ. Der war, wie Heines Ururgroßvater Isaak Heine, ein Vetter des berühmten Hannoveraner Hoffaktors Leffmann Behrens [37].

1712	Nach dem Tode Anthon Dölffers veräußert seine Witwe Dorothea Elisabeth, geb. Plümken, das Haus am 19.7. an Johan Hinrich Uhlenbrock. Zusätzlich erwirbt er einige Quadratmeter aus städtischem Besitz mit der Auflage, "solche forne nach der Gaßen zubebauen, und an seinen Nebenhauße welches jetzo der Jude Jacob Ahrens bewohnet zu legen dergestalt, das unten ein Thorwerk seyn, und oben ein Sahl des Nebenhaußes Sahl gleich sollte gemachet und also das Hauß in einem Dache gehen, und forne zu besser Zierath des Marktes eine fronte solte gebauet werden" [38].
1733	geht das Anwesen auf seine Erben über.
1740	"soll in diesem Hause der berühmte Schauspieler Eckhof [...] als Mitglied der Schönemann'schen Truppe zuerst die Bühne betreten haben", schreibt Heines Biograph Adolf Strodtmann [39].
1741	kauft Dr. Commissarius Achatius Küchenthal das Nebenhaus, das nun endgültig vom späteren "Heinrich-Heine-Haus" getrennt wird.
1764	Am 24.1. erwirbt "Obrist Lieutnant" Hartwig von Töbing das Hauptgebäude.
1779	Seine Erben veräußern das Haus am 28.12. an den Ratschirurgen Christian Gotthard Niemeitz (Nymeiz).
1781	läßt er zwei weitere Buden errichten. Auch am Haupthaus läßt er Umbauten vornehmen.

1788	stellt Niemeitz der "Vereinigten Gesellschaft deutscher Schauspieler", einer Wandertruppe, die Diele seines Hauses als Theaterraum zur Verfügung. Sie debütiert am 31.1. und gastiert bis zum 18.4. des Jahres (Bilder 14, 15).
1790 - 1791	Von August 1790 bis zum 28.1.1791, dann den Herbst hindurch bis zum 1. Advent (27.11.) des Jahres tritt die Theatertruppe von Christian Wilhelm Klos im späteren "Heinrich-Heine-Haus" auf.
1796	Nach dem Tod des Chirurgen Niemeitz bewohnt seine Witwe 1795 das Haus allein. Sie veräußert das Gebäude am 16.2.1796 an den Maurermeister Franz Jacob Kühnau, der umfangreiche Umbauten daran vornimmt.
1799	hinterläßt er das Anwesen seiner Witwe.
1800	Am 26.8. verkauft Catharine Margarethe Kühnau, geb. Koopen, den Gebäudekomplex dem Chirurgen Johann Christoph Reichenbach.
1810	Am 10.7.1810 erwirbt der "Schutzjude" Wolff Abraham Ahrons das Anwesen (Bild 16). 1784 hatte er eine Ausnahmegenehmigung zum Ankauf eines Hauses erwirken können, was Juden sonst generell verboten war.
1820 - 1821	bezieht Drost und Bürgermeister Georg Leonhard von Dassel das zweite Stockwerk. Daß ein Bürgermeister bei einem Juden Wohnung nimmt, wird es zuvor in Lüneburg nicht gegeben haben.

1822	Am 24.4.1822 mietet Salomon Heine für seinen Bruder Samson und dessen Familie das zweite Stockwerk des Hauses. Das Erdgeschoß bewohnt der Bankier Wolff Abraham Ahrons, die erste Etage eine "Obristin von Hanstein". Die Wohnung der Familie Heine wird von Zeitgenossen als "glänzend" möbliert beschrieben. Zur Marktseite schützen Markisen gegen die Mittagssonne.

| 1823 | Am 21. Mai trifft Heinrich Heine zu einem ersten Besuch bei seinen Eltern ein. Er ist hier fremd und für einige Jahre doch zu Hause, ein Student ohne festen Wohnsitz. Während des ersten Aufenthalts bis zum 4. oder 5. Juli entstehen unter anderem die Gedichte "Ich weiß nicht was soll es bedeuten" und "Mein Herz, mein Herz ist traurig". Weitere Besuche folgen. "Der braune Kachelofen in einem der Zimmer zur Burmesterstr. wurde Heineofen genannt. Hier sollte H. Heine gewohnt und etwa auch gedichtet haben. Für ein junges Mädchen, das von ihrer Wohnung in einem der kleinen Häuser der Burmesterstr. allmorgendlich am Haus entlang zum Einholen eilte, soll Heine geschwärmt und sie bedichtet haben" [40]. |

| 1824 | Der Verleger und Buchhändler Bernhard Gotthard Wahlstab (1768 - 1847) erwirbt das Haus am 21.9.1824 (Bilder 17, 18, 19). Er "war in 1. Ehe mit Elisabeth Christina Herold, Tochter des Buchhändlers Johann Gottlieb Herold (gest. 22.9.1832 mit 81 Jahren und 2 Monaten), verheiratet und hatte mit ihr sechs Töchter (geb. 1799, 1801, 1803, 1805, 1807, 1813). Nach ihrem Tod (2.12.1815, 35jährig) heiratete Wahlstab am 28.11.1819 ihre Schwester Marie, mit der er weitere zwei Töchter (geb. 1820 und 1822) hatte und den Sohn Andreas Bernhard (geb. 15.4.1826)" [41]. |

24

1826	Frau von Hanstein und Familie Heine ziehen aus. Ostern 1825 hat Maximilian Heine seine Schulzeit beendet. Als letztes Kind verläßt er die Eltern, um zu studieren. Da sie nun allein leben, siedeln sie zu Johannis (24.6.) 1826 in eine billigere, ebenfalls in einem Patrizierhaus am Markt gelegene Wohnung über (Bilder 20, 21) [42].
1863	erbt der Verleger und Buchhändler Andreas Bernhard Wahlstab das Gebäude [43].
1901	Am 12.10. wird am Hause in 5m Höhe eine Tafel aus schwarzem Granit mit der Aufschrift angebracht: "Hier wohnte und dichtete Heinrich Heine 1823." [44] Das Renaissancepalais wird "Heinrich-Heine-Haus".
1909 - 1919	Nach dem Tode von Andreas Bernhard Wahlstab erbt seine Witwe Emma Wahlstab das Gebäude [45].
1920	geht es in den Besitz des Schlachtermeisters Ludwig Meyer über [46].
Etwa 1926	Erich Gottgetreu schildert eine Begegnung mit der zweiundneunzigjährigen Frau Wahlstab: "Die Eltern Heines hätten gesellschaftlich tief unter der Familie des Buchhändlers Wahlstab gestanden, besonders gerügt werden Heines ungeniertes Benehmen und seine Respektlosigkeit. 'Heine lief in Unterhosen durch das ganze große Haus, der stille Ort war im Hof gelegen, gewiß, aber hätte der junge Mann sich nicht richtig anziehen können, da sieben junge heiratsfähige Töchter im Hause waren? Sieben junge Damen! Frau Wahlstab ist ehrlich entrüstet'" [47].

| 1934/35 | Noch im "Einwohnerbuch für den Stadtkreis und den Landkreis Lüneburg 1934/35", S. 473, wird das Haus "Am Ochsenmarkte 1" als "Heinehaus" näher bezeichnet. Die Gedenktafel wird später entfernt [48]. |

| 1936 | zieht der "Reichsluftschutzbund" vorn links in das Erdgeschoß. |

| Um 1940 | Die Dachböden der Stadt werden "entrümpelt". "Immerhin gab es im Heinehaus 3 Böden übereinander. Da lag allerhand herum, das nun auf den Sülzwiesen verbrannt wurde, soweit es brennbar war. [...] Die Verbrennung fand im Rahmen einer groß aufgemachten Veranstaltung - vermutlich an einem Eintopfsonntag - statt" [49]. Eventuell noch erhaltene Relikte aus der Zeit Heines werden der "Veranstaltung" zum Opfer gefallen sein. |

| 1941 | Am 3.7.1941 erwirbt die Stadt Lüneburg das Haus [50]. |

| 1943 | "Ab 1943 wurden die Wohnungen stärker belegt. Ausgebombte Verwandte von uns, 4 Erwachsene und zwei Kinder, waren die ersten. Die Stadt [...] ließ später im Erdgeschoß Zimmer für die vorübergehende Unterbringung von Ostflüchtlingen einrichten. Auch der Boden war oft Schlafstätte für Vertriebene und Flüchtende" [51]. |

| 1956 | 1000-Jahrfeier der Stadt Lüneburg, 100. Wiederkehr des Todestages von Heinrich Heine. Bei umfangreichen Renovierungsarbeiten wird die alte Dielenbemalung durch historisierenden Neuanstrich vernichtet. In vermauerten Fensternischen der Diele wird eine Inschrift zum Gedenken an Heine angebracht. |

1985 - 1987   Restaurierungsarbeiten fördern ungeahnte Kunstschätze ans
Licht. Für das niedersächsische "Institut für Denkmalpflege"
urteilen Rolf-Jürgen Grote und Peter Königfeld: "Schon jeder
Raum des Hauses Am Ochsenmarkt 1 ist für sich gesehen
bereits von großer kunst- und kulturhistorischer Bedeutung.
Einzigartig ist jedoch die Fülle von Ausmalungen verschiedener
Epochen, die das Bauwerk zusammen mit der nahezu
ungestörten architektonischen Grundsubstanz geradezu zu
einem wohnkulturellen Kompendium werden lassen" (Bilder 9,
10, 11, 12, 13) [52].

III.

Bildteil A

1   Lüneburg, "Heinrich-Heine-Haus", 1908.

"Am 12. Oktober 1901 ist am Wahlstabschen Hause in Lüneburg, am Ochsenmarkt Nr. 1, eine

Tafel aus schwedischem Granit mit der Inschrift angebracht worden:

Hier wohnte und dichtete Heinrich Heine 1823." (Zechlin)

2   Am Ochsenmarkte 1, Giebel, Zeichnung von Franz Krüger, 1903.
Delphine als Symbole Christi, des Retters, der den Christen sicher ins Jenseits geleitet, umlagert von Hippokampen als Sinnbildern des Unheils.

3   *"Warhaftige und eigentliche Abcontrafactur der löblichn Stadt*
     Lüneburg", Kupferstich von Daniel Freese, 1611, Ausschnitt.

Links die gotische Rathausfassade, in der Mitte an der Stelle des heutigen Landgerichts die
Witzendorffschen Häuser am Markt, die dem "Heinrich-Heine-Haus" ähneln. "Der Bau des Lüneburger Schlosses am Markt war ein Umbau aus vier bis fünf Bürgerhäusern. [...] Das heute
noch erhaltene Heinehaus ist der letzte Vertreter einer Reihe von größeren und kleineren
Bürgerhäusern im deutschen Renaissancestil, die ursprünglich die eine Marktseite einnahmen
und zu dem eigenartigen Charakter des Marktplatzes mit dem Renaissancebrunnen wesentlich
beitrugen. Sollte das nicht eine Mahnung sein"? (Warnemünde)

32

4   Portal des "Heinrich-Heine-Hauses".

"Atque tua, Hardvice, ampla domus nova splendet ad arctum,/Vuitzendorff, primos ostentans fronte parentes." (Lucas Lossius, 1566) "Auch dein neues, geräumiges Haus erglänzet im Norden, Hartwig Witzendorff, /an der Front die Voreltern weisend." (Übersetzung von Dumrese) Statuen von Adam und Eva werden die Portalnischen also ursprünglich eingenommen haben.

5   Die von Witzendorff.

Stammtafel aus: Johann Heinrich Büttner, M.G. Genealogiae oder Stamm- und Geschlechts-Register der vornehmsten Lüneburgschen Adelichen Patricien-Geschlechter, Lüneburg 1704.

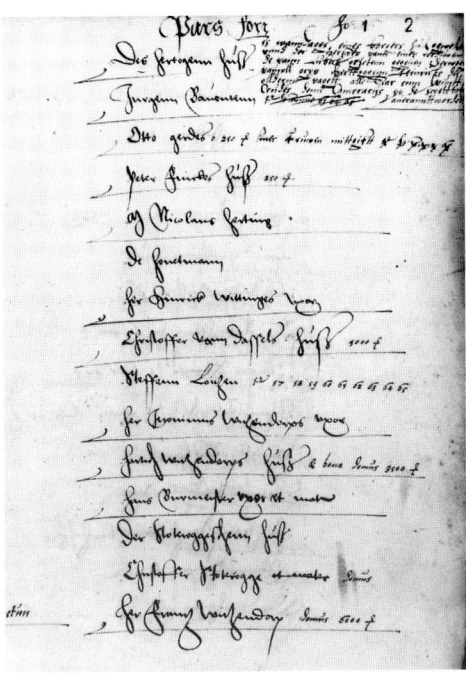

6   Eintrag im Baubuch der Stadt Lüneburg, 1563.

"Anno 1563 ißt dusse nhageschrewenn Kalck: verereth [...] Item 8 Chor Hartich Witzendorp".
Der Magistrat zeichnet Hartwig v. Witzendorff mit Kalk für sein Bauvorhaben aus.

7   Seite aus der Lüneburger Schoßrolle von 1566.

"Her Jeronimus Witzendorps uxor / Hartich Witzendorps Huß & bona domus 3500 Mark / Hans
Burmester uxor et mater". Die nahezu lückenlos erhaltenen jährlichen Steuerlisten registrieren
Besitzer, Bewohner und zum Anwesen gehörende Güter.

8 *Seite aus dem Hypothekenbuch der Stadt Lüneburg von 1713.*

Das Hypothekenbuch von 1713 verzeichnet erstmals die Besitzerfolge des Hauses.

9   *Deckenmalerei im Tanzsaal, 17. Jhd., Teilansicht.*

10   *Deckenmalerei im Tanzsaal, Detail.*

11   Blick durch zwei Räume der 2. Etage.

Beschlag- und Rollwerkornamentik verzieren Wände und Decken. Eisernen Türbeschlägen nachempfunden sind sie typisch für Raumausmalungen des frühen 17. Jahrhunderts.

*12 Rokokomedaillonmalerei im großen Festsaal, 2. Hälfte des 18. Jhds.,
Teilansicht.*

Zwölf Medaillons, möglicherweise Monatsallegorien, schmückten ursprünglich das vordere
Drittel der 2. Etage. Neun dieser Darstellungen im süddeutsch-katholischen Stil sind noch erhalten.

13   Rokokomedaillonmalerei im großen Festsaal, Teilansicht.

14   Theaterplakat, 1788.

1788 stellte der Chirurg Johann Christian Gotthard Niemeitz der "Vereinigten Gesellschaft deutscher Schauspieler" die Diele als Theaterraum zur Verfügung. Eröffnet wurde am 31.1. mit einem allegorisch-pantomimischen Ballett und Friedrich Ludwig Schröders Lustspiel "Das Testament".

15   Theaterplakat, 1788.

Am 11.2. inszenierte die "Vereinigte Gesellschaft deutscher Schauspieler" in Neubearbeitung Friedrich Schillers Trauerspiel "Die Räuber". Die Truppe gastierte bis zum 18.4.1788.

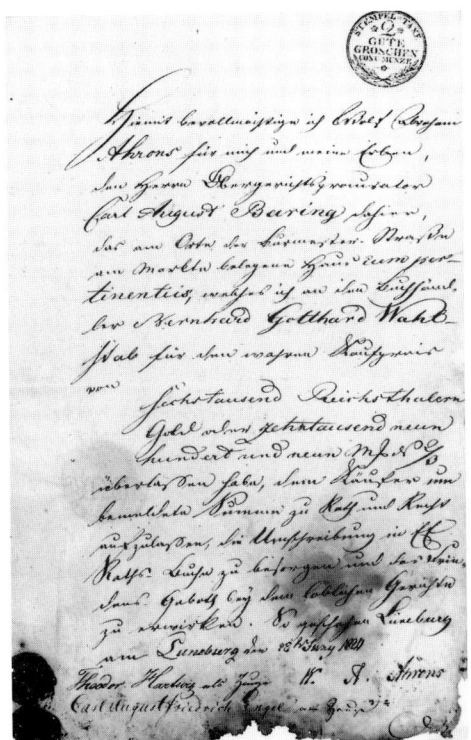
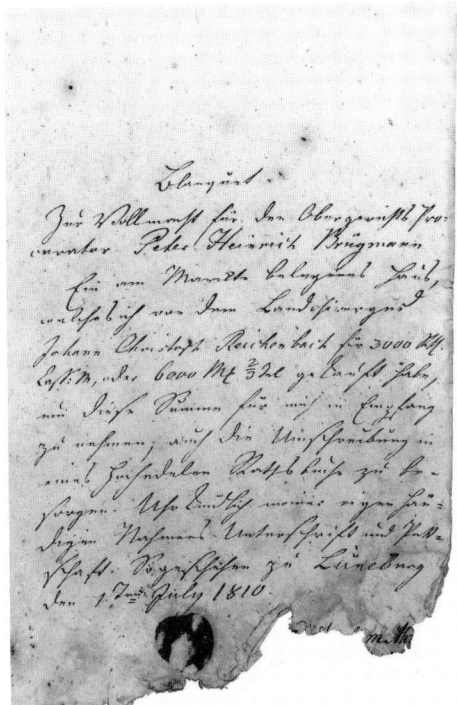

16 Vollmacht zur Grundbuchänderung, 1810.

Wolff Abraham Ahrons erwirbt das Anwesen für 3000 Reichstaler von Landchirurg Johann Christoph Reichenbach.

17 Vollmacht zur Grundbuchänderung, 1824.

Wolff Abraham Ahrons veräußert das Anwesen für 6000 Reichstaler an den Buchhändler Bernhard Gotthard Wahlstab.

18   *Bernhard Gotthard Wahlstab (1768-1847), Ölbildnis von Nikolaus Peters (1795-1875), um 1830.*

Anlage Haupt. N° 219.

Register Nro. *219.*   Ertheilt auf

gültig für *eine Reise*

Wir Bürgermeister und Rath der Stadt Lüneburg ersuchen hierdurch, alle Hohe und Niedere, sowohl Civil- als Militair-Obrigkeiten

Vorzeigern dieses *den hiesigen Bürger und Büchsen... Herrn Bernhard Gotthard Wahlstab* gebürtig aus *Magdeburg* alt *44* Jahre, groß *5* Fuß *10* Zoll, *braune* Haare, *hohe* Stirn, *blonde* Augenbraunen, *braune* Augen, *gewöhnl.* Nase, *gewöhnl.* Mund, *braunen* Bart, *rundes* Kinn, *länglich* Gesicht, *gesunde* Gesichtsfarbe, welcher nach *Leipzig* zu reisen gewilliget, auf dieser Reise frey und ungehindert pass- und repassiren, ihm auch nöthigenfalls Schutz und Beystand angedeyhen zu lassen.

Zu Urkund dessen ist dieser Reise-Paß mit unserm Stadt-Siegel bedruckt und von unserm Raths-Deputirten eigenhändig unterschrieben, auch von der Policey visiret worden.

So geschehen Lüneburg, den *22ten April* 18*14*.

Unterschrift des Reisenden: Visa der Policey:
Bernh: G: Wahlstab.   *H. Simberg / Pol.Insp.*

Ex speciali Commissione Senatus.
Dr. G. Hützenberg, Rs. Gño.

19   *Reisepaß für B.G. Wahlstab, 1814.*

20   Das Haus Am Markt 2, 1870.

Seit 1826 lebten hier Heines Eltern, "die jetzt allein waren und deshalb schon um Johannis desselben Jahres im Galenschen Hause am Markte [...] eine billigere Wohnung bezogen hatten, wo auch ihr Heinrich ein wahres Stilleben führte." (Cassau)

21   Das Haus Am Markt 2, 1987.

"1963 entstand hier der schlichte Neubau für die Stadtsparkasse." (Brebbermann)

B.

Die Akte "Samson Heine"

I.

"... widrigen Falls ... die hiesigen Lande sofort wieder zu verlassen". Aufenthaltsgenehmigung für die Familie Samson Heine - ein bürokratischer Vorgang, Lüneburg 1822

Wer um 1820 in Lüneburg um Aufenthaltsgenehmigung nachsuchte, war verdächtig. Diese Personen waren aus ihren bisherigen bürgerlichen Verhältnissen ausgebrochen oder herausgefallen, sofern sie jemals in solchen gestanden hatten. In der Regel fehlte es ihnen an Mitteln, ihren Unterhalt auf rechtliche Weise zu bestreiten. Es war anzunehmen, daß sie über kurz oder lang entweder straffällig oder der Armenkasse zur Last fallen würden. Die Mehrzahl der "Asylanten" rekrutierte sich aus verabschiedeten Soldaten und Unteroffizieren des "Infanterie Regiments Lüneburg", so auch der Lübecker Schuhmacher "Heinrich Peters, Mann von Waterloo", der "für König und Vaterland [...] mehrere malen durchstochen" worden war und eine Pension bezog [1]. Die Königliche Großbritannisch-Hannoversche Provinzial-Regierung, eine Art Mittelinstanz, heutigen Bezirksregierungen vergleichbar, und der Magistrat der Stadt Lüneburg waren bestrebt, die zu Sozialfällen entwürdigten "Krieger" an ihre Geburtsorte abzuschieben:

"Auf das Gesuch des vormaligen Soldaten Müller um fernere Gestattung des Aufenthalts in der Stadt Lüneburg, bleibt demselben zur Resolution hiermit unverhalten, daß niemanden der freywillige Aufenthalt an einem ihm beliebigen Orte gestattet werden kann, so lange ein solcher nicht nachweist, auf welche erlaubte Weise er sich zu ernähren gesonnen ist" [2].

Der Antragsteller hatte seinem Gesuch um Aufenthaltsgenehmigung entweder die Bürgschaft eines vermögenden Lüneburger Bürgers für seine "Subsistenz" beizufügen, wenn er nicht selbst eine ausreichende Kaution zu stellen vermochte, oder einen Arbeitsnachweis. Soldaten, die einen zivilen Beruf, sofern überhaupt erlernt, lange Zeit nicht mehr ausgeübt hatten, suchten nun Stellung als Tagelöhner. Die Industrialisierung Lüneburgs hatte jedoch kaum begonnen, sieht man von der im Mittelalter gegründeten Saline einmal ab. Es fehlte also an Verdienstmöglichkeiten für ungelernte Arbeiter. Deshalb suchte man der Zuwanderung auf bürokratische Weise Herr zu werden. Bürgermeister und Rat der Stadt beschlossen, "die gehörigen Sicherungs-Maßregeln zu treffen, daß jener temporaire Aufenthalt nicht in eine wirkliche hiesige Domiciliirung stillschweigend übergehe" [3]: Am 3.12.1822 übersandten sie der "hochlöblichen Salindirection" ein Formular zur polizeilichen Meldung und Begrenzung der Aufenthaltsdauer "für anzustellende fremde Taglöhner und Arbeiter, außer Handwerks-Gesellen und Dienstboten" [4].

Wer ohne Erlaubnis einen auswärtigen Bürger bei sich aufnahm, wurde mit einer polizeilichen Strafe von fünf Reichstalern bei Androhung weiterer zehn Taler belegt [5]. Auch durch Dienstboten-Verhältnisse, um welche weibliche Aufenthaltsuchende sich bemühten, konnte "ein gesetzliches Domicilium nicht begründet" werden [6], sondern lediglich der temporäre oder polizeiliche Aufenthalt.

Siebzehn Jahre lang bemühte sich der mit optischen Geräten reisende "Handels Jude Benjamin Meyer" [7], dessen Eltern und Voreltern schon heimatlos durch Deutschland gezogen waren, sich in Lüneburg ein bleibendes Domizil zu erwerben. Er war "von einer hier durchreisenden Jüdin allhier geboren" worden [8]; auch konnte "nicht in Erfahrung gebracht" werden, "daß er mit Gauner oder Diebesgesindel in Connection stehe" [9]. Es wurde dennoch entschieden, "daß er durch seine zufällige hiesige Geburt kein Domicil oder forum originis erwerben" könne [10], ihm zwar "der polizeyliche Aufenthalt in hiesiger Stadt gestattet [werde], jedoch ohne alles Recht auf eine Schutz-Verleihung, und mithin ohne das Recht einen Handel zu treiben" [11]:

"Wir können ihn nur als einen Fremden oder Ausländer betrachten, gegen dessen bleibenden Aufenthalt und Schutzertheilung der hiesigen Stadt ein Recht des Widerspruchs zusteht" [12].

Juden mußten zur Miete wohnen. 1784 und 1786 gelang es den "Schutzjuden" Wolff Abraham Ahrons und Meyer Mendel del Banco je ein Haus zu erwerben, da in der seit dem Dreißigjährigen Krieg verarmten Hansestadt ein großes Überangebot an käuflichen Immobilien bestand. Die "Königlichen Großbritannischen zur Churfürstlichen Braunschweigisch-Lüneburgischen Regierung verordneten Geheimten Räthe" gewährten ihnen Dispens von der "Verordnung vom 5ten Januar 1718". In ihr wird "den Juden der Ankauf der Häuser und anderer Immobilien untersagt, und wird in der Verordnung selbst zum Grunde dieses Verbots angeführt, daß durch solchen Ankauf die Zahl der Juden vermehrt die Bürgerliche Nahrung hingegen vermindert, die Häuser im Preise unnöthig gesteigert und den Bürgern schwer gemacht würde ein Haus eigenthümlich an sich zu bringen" [13].

Die biedermeierliche Gesellschaft besann sich wieder auf den Regelfall: die religiöse Intoleranz, verbunden mit dem Neid und der Angst vor dem jüdischen Konkurrenten. Am 3.1.1822 erstattete der Stadtsyndikus Sievers dem Senat ein Gutachten über das Gesuch des "Schutzjuden" Levi Heinemann, das Haus, in dem er wohnte, käuflich zu erwerben:

"Die Gründe der verbietenden Verordnung de 1718. dürften wenigstens zum Theil auch noch jetzt anwendbar seyn, namentlich der, daß durch Ankaufung der Häuser von den Juden zur großen Beschwerde der Bürger die Zahl der Juden vermehret, die bürgerliche Nahrung hingegen vermindert werde" [14].

Seinen Einspruch gegen den ablehnenden Bescheid formulierte Levi Heinemann mit feiner Ironie als Appell an die Vernunft:

"Nie habe ich nur geglaubt, daß durch meinen Ankauf eines Hauses das allgemeine Beste befördert werde, sondern nur das Beste eines Einzelnen, nemlich des meinigen, allein eben so wenig sehe ich die Möglichkeit ein, wie es dem allgemeinen Besten im geringsten nachtheilig seyn könne, daß der Eigenthümer eines Hauses, es sey welches es wolle, nicht der christlichen sondern der jüdischen Religion zugethan ist" [15].

Unbedenklich erschien dem Magistrat der Stadt die Aufnahme eines auswärtigen Bürgers jüdischer Religion also nur, wenn man seine Existenz auf keine Weise spürte. Er durfte weder jemandem zur Last fallen noch konkurrierend in den Weg treten und sich ferner nicht häuslich niederlassen. Armut und Selbständigkeit wurden gleichermaßen nicht geduldet; er hatte ein wohlhabender Konsument zu sein. Man verlangte eine unkündbare Bürgschaft und gewährte Asyl auf Widerruf. Vorteilhaft für den Antragsteller war es, wenn er sich gegenüber der Provinzial-Regierung als Landeskind ausweisen konnte, dem an seinem Geburtsort ohnehin ein Domizilrecht zugestanden hätte.

Niemand vermochte diese Bedingungen so restlos zu erfüllen wie Samson Heine, für den Salomon Heine am 8.3.1822 bei der Königlichen Großbritannisch-Hannoverschen Provinzial-Regierung die Genehmigung zum Aufenthalt in Lüneburg beantragte.

Über den persönlichen Hintergrund, die Modalitäten des Genehmigungsverfahrens und die Ankunft der Familie Heine war bisher folgendes bekannt:

Heinrich Heines Großvater Chaim Bückeburg (Heimann Heine) hatte sich mit seiner zweiten Frau Eva Popert in Hannover niedergelassen. Nach seinem Tod zog die Familie nach Hamburg, wo Salomon Heine, einer seiner Söhne (Heinrich Heines "goldener Onkel"), als Bankier ein großes Vermögen erwarb. Samson, Heinrichs Vater, ging "nach seiner kaufmännischen Ausbildung nach Düsseldorf und heiratete hier am 1. Februar 1797 Betty (Peira) van Geldern" [16].

"Samson Heine [...] wohnte vor seinem Lüneburger Aufenthalt als Kaufmann in Düsseldorf", berichtet Carl Cassau, "wo er ohne sonderlichen Erfolg allerlei begann. Nach einer anderen Lesart soll er dort mit einigen seiner Brüder associirt gewesen und zuletzt mit einer Jahresrente von 2000 Reichsthalern - einer damals sehr beträchtlichen Summe - abgefunden sein, welche Summe auszuzahlen der erfolgreichste der Brüder, Salomon, übernommen hätte" [17].

Die Lüneburger Dokumente belegen diese "Lesart", korrigieren sie jedoch in einem Punkt: 2000 Mark Courant setzte Salomon Heine seinem Bruder als Rente aus, was lediglich etwa 1000 Reichstalern in Gold entsprach. Doch glich sie damit immerhin noch dem Gehalt eines Schulrats. Nach den Angaben Adolf Strodtmanns erhielt "die Mutter des Dichters seit dem Tode ihres Gatten [1828] von Salomon Heine eine jährliche Leibrente von 1000 Mark Banco [...], deren Fortdauer bis an ihr Lebensende ihr testamentarisch gesichert ward" [18].

"Bis zum Frühjahr 1819 führte Samson in der Düsseldorfer Bolkerstraße eine Handlung für Ellen- und Modewaren. [...] Seit etwa 1814 litt er an epileptischen Anfällen. Sie traten zur Zeit des Gutachtens durch den Düsseldorfer Kreisphysikus vom 27.2.1819 zwei- bis viermal täglich auf" [19]. Durch die Krankheit verlor er zunehmend die Geschäftsfähigkeit, so daß seine Brüder Salomon und Henry Heine schließlich die Entmündigung veranlaßten und das Geschäft auflösten. "Am 17. August 1820 wurde das Düsseldorfer Wohnhaus für 10 620 Reichstaler verkauft" [20]. Die Familie zog in die Nähe Salomon Heines nach Hamburg. Bis zum April 1822 weilten die Eltern Heinrich Heines nebst seiner Schwester Charlotte (Bilder 40, 42) "zu langen Kuraufenthalten in Oldesloe" [21]. Die Familie wählte schließlich Lüneburg zum Ruhesitz für den kranken Mann, da die nahe Hamburg gelegene Stadt vom neuzeitlichen Getriebe bis dato wenig berührt worden war. Dort wohnten sie bis 1828, kurz vor dem Tode Samson Heines.

"Manchen alten Leuten in Lüneburg", schreibt Adolf Strodtmann (Bild 70), "ist es noch erinnerlich, dass Salomon Heine im Frühjahr 1822 zum Erstaunen der Bewohner in einer mit vier Pferden bespannten Kalesche in die Hauptstadt des alten Fürstenthums einfuhr, um dort eine Wohnung für die Familie seines Bruders auszusuchen. Er miethete für letztere den zweiten Stock eines alterthümlichen Hauses am Marktplatz, welches damals dem Bankier Wolff Abraham

Ahrons gehörte, zu Michaelis 1824 jedoch in den Besitz des Buchhändlers Wahlstab überging" (Bilder 26, 27) [22].

Die derzeitigen Restaurierungsarbeiten haben ergeben, daß das Haus um 1565 für einen Lüneburger Patrizier offenbar ausschließlich zu Repräsentations-zwecken errichtet worden war. Ein reich mit Rokokomedaillon-Malerei von hoher Qualität geschmückter Festsaal erstreckte sich über das vordere Drittel des zweiten Stockwerks, in dem sich später die Wohnung der Familie Heine befand (Bilder 12, 13). Farbige Fassungen aus mehreren Jahrhunderten in nahezu allen Räumen belegen eindrucksvoll, daß das Haus stets von Bürgern der Lüneburger Oberschicht bewohnt worden ist. Dem Rathaus gegenüber, neben dem her-zoglichen Schloß (später Kaserne, heute Landgericht) gelegen, konnte es zu Beginn des 19. Jahrhunderts noch als eines der ersten Häuser am Platz gelten. 1810 war es von dem Bankier Wolff Abraham Ahrons im Tausch gegen das 1784 erworbene kleinere Gebäude zum Preis von 3000 Reichstalern (= 6000 Mark) angekauft worden (Bild 16) [23]; 1824 konnte er es an den Buchhändler Bernhard Gotthard Wahlstab für 6000 Reichstaler (= 10 909 Mark) wieder veräußern (Bild 17) [24]. Seit dem Jahre 1800 war der Wert des Hauses stetig gestiegen [25].

Carl Cassau, der wie Adolf Strodtmann noch mit Augenzeugen der denk-würdigen Ankunft Salomon Heines in Lüneburg sprechen konnte, bestätigt und ergänzt Strodtmanns Angaben:

"Sicher ist daß Salomon Heine, nachdem die Familie seines Bruders schon einige Zeit zu Oldesloe im Holsteinischen gewohnt hatte, wo es ihr aber nicht gefiel, plötzlich eines Tages mit Extrapost von Pinneberg aus nach Lüneburg kam und dort für seinen Bruder Samson und dessen Familie auf dem Ochsenmarkt im damaligen Bankier Ahron'schen Hause [...] für 300 Reichsthaler die obere Etage miethete, eine Summe die als Miethe damals in Lüneburg nicht zum zweiten Male vorkam. [...] Wie ich von Augenzeugen hörte, war die Möblirung der Heine'schen Wohnung glänzend, wie es nicht leicht sonst vorkam; trotzdem stand die Familie, allein auf die Glaubensgenossen angewiesen, in der Gesellschaft isolirt da" [26].

Wolff Abraham Ahrons (geb. 1758) hatte die Familie Heine wahrscheinlich in Hamburg kennengelernt. Seine Gattin Henriette, geb. Oppenheimer, stammte aus Hamburg. Sie wird mit Friederike Heines Ehemann (Salomon Heines Schwiegersohn) Christian Moritz Oppenheimer verwandt gewesen sein. Zudem hatte Jacob Ahrons, der 1822 etwa vierzigjährige Sohn, sich in Hamburg niedergelassen.

Von den Lüneburger Dokumenten war der Forschung bisher nur das Reskript (= Erlaß) der Königlichen Provinzial-Regierung zu Hannover vom 2.7.1822 bekannt, das Carl Cassau und Arthur Zechlin offenbar nach der Abschrift des Stadtsekretärs Bierwirth mit Abweichungen veröffentlichten [27]. Diese Kopie befindet sich unter den "Acta betr. die in hiesiger Stadt wohnhaften vergleiteten [= mit Geleit und Schutz versehenen] jüdischen Einwohner, deren Schutzbriefe Handelsconcessionen etc. 1806-1847" [28]. Im gleichen Konvolut liegt der Bericht des Magistrats der Stadt an die Königliche Landdrostei in Lüneburg vom 24.8.1823, dem ein Protokoll über die gerichtliche Vorladung und Vernehmung aller jüdischen Familienväter Lüneburgs am 20.8.1823 beiliegt. Samson Heine erklärte:
"Er heiße Samson Heine sey aus Hannover gebürtig mit Betty von Geldern verheyrathet, habe mit der selben an Kindern gezeugt
a. Harry, Studiosus Juris zu Berlin, 21 Jahr alt, gegenwärtig seiner Gesundheit wegen im Seebade.
b. Charlotte, 18 Jahr alt, an Moritz v. Emden in Hamburg verheyrathet.
c. Gustav, Oekonom im Meklenburgischen, 17 Jahr alt.
d. Max, 15 Jahr alt, Schüler in Prima auf dem hiesigen Johanneo.
Er besitze keinen Schutzbrief, der temporelle Aufenthalt sey ihm aber nach Versicherung des verstorbenen Bürgermeister Krukenberg gestattet, ihm aber nichts schriftliches darüber ausgefertigt. Er lebe von seinen Einkünften und treibe kein Geschäft." [29]

Dieses Dokument, das von Carl Cassau und Arthur Zechlin mit kleinen Fehlern ebenfalls schon zitiert worden war [30], führte auf die Spur der verschollenen Dokumente. Anzunehmen war, daß der Bürgermeister die Genehmigung zum temporären Aufenthalt von Amtswegen versichert hatte. Nachforschungen in den Sitzungsberichten des Stadtrates ("Protocollum Curiae") ergaben, daß der Rat viermal mit dem Gesuch der Familie Heine befaßt war. In Marginalien enthielten sie entscheidende Hinweise auf den Verbleib der Dokumente: "In Abschriften an löbl[iche] Policei und löbl[iches] Gericht." Unter den Domizilsachen der Polizei befand sich die Erstausfertigung der Akte.

Sie trägt einen Titel in "schönstem" Kanzleideutsch:

"Acta betr das von dem Banquier Salomon Heine zu Hamburg bei Königl[icher] Provinzial Regierung zu Hannover angebrachte Gesuch, daß seinem zu Düsseldorf etablirt gewesenen Bruder Samson Heine und dessen Familie der Aufenthalt hieselbst möge gestattet werden, und dem letztern darauf auch gestatteten temporellen Aufenthalt. de 1822." (Bild 22) [31]

Sie enthält:

1. Ein Schreiben Salomon Heines an den Lüneburger Bürgermeister Krukenberg vom 8.3.1822 (Bilder 23, 24). Salomon Heine stellt sich vor: "Ich bin Banquier zu Hamburg jüdischer Religion, und wird meine Unterschrift vielleicht auch Ew. Wohlgeb[ohrnen] nicht ganz unbekannt seyn." Dann informiert er den Bürgermeister umgehend über den der Königlichen Provinzialregierung am selben Tage eingereichten Antrag. Salomon Heine kennt das Verfahren offenbar genau und weiß, daß man eine gutachtliche Stellungnahme des Magistrats einziehen wird. Er erklärt, daß er seinen Bruder und dessen Familie anständig versorgen werde, der in Lüneburg kein Geschäft treiben, "vielmehr als bloßer Consumente leben" wolle, "mithin dort Keinem im weg" trete "auch der Gesammtheit nicht zur Last" falle. Er hebt hervor, daß sein Bruder wie er selbst "gebohrner Hanovraner" sei, bittet, "den zu erwartenden Bescheid nach Möglichkeit zu beschleunigen", und

empfiehlt sich mit der Offerte, daß er dem Bürgermeister gern "hiesigen Orts wiederum Gefällig seyn" wolle. Doch Krukenberg, der seit über vierzig Jahren im Magistrat arbeitet und schon während der Napoleonischen Zeit als Bürgermeister "regierte", läßt sich nicht dazu bewegen, die bürokratische Prozedur abzukürzen.

2. Das Reskript der Königlichen Provinzialregierung an den Magistrat zu Lüneburg vom 9.3.1822. Salomon Heine habe in seinem Antrag versprochen, daß sein Bruder auf Handel und Gewerbe verzichten wolle, und sei bereit, eine Kaution dafür zu stellen, daß er niemandem zur Last fallen solle. Der Magistrat wird aufgefordert, sich "gutachtlich" zu äußern und seine Meinung "über den Betrag und die Art der zu beschaffenden Sicherheit" kundzutun. Dieser Erlaß wird am 19.3.1822 im Stadtrat beraten und an die Polizeidirektion weitergeleitet [32].

3. Das Konzept des Antwortschreibens von Bürgermeister Krukenberg an Salomon Heine vom 22.3.1822. Krukenberg äußert die Vermutung, daß Salomon Heine eine Abschrift des Reskripts erhalten haben werde. Da die familiären Verhältnisse der Brüder Heine dem Magistrat "überall nicht bekannt" seien, Samson Heine auf Handel und Gewerbe in Lüneburg zu verzichten habe, ferner das Kautionsangebot noch präzisiert werden müsse, käme Salomon Heine doch am besten selbst nach Lüneburg. Das würde die Sache beschleunigen.

4. Ein Schreiben Salomon Heines an Bürgermeister Krukenberg vom 26.3.1822. Er bedauert, nicht reisen zu können, da er nicht einen Tag geschäftlich abkömmlich sei. Er wolle einen Bevollmächtigten schicken. Dann wiederholt er seine Versicherung, sein Bruder werde in Lüneburg nur konsumieren, solle keineswegs Handel treiben. Aus "wahrer Anhänglichkeit an unser Vaterland (da wir beide gebohrne Hanovraner sind)" habe Salomon für ihn Lüneburg als Aufenthaltsort gewählt.

5. Das Konzept des Antwortschreibens von Bürgermeister Krukenberg an Salomon Heine vom 27.3.1822. Salomon Heine werde wohl selbst ermessen,

daß durch seine persönliche Gegenwart die Sache "ungleich eher und beßer als durch einen Bevollmächtigten" werde "aufgeklährt und in Ordnung gebracht werden" können. Zu klären sei: in welcher Höhe Salomon Heine seinem Bruder Unterhalt gewähre, ob die Summe für einen Aufenthalt in Lüneburg ausreiche und selbst bei einem möglichen früheren Ableben Salomon Heines weitergezahlt werde; ferner wie stark die Familie seines Bruders sei, welche Familienmitglieder mit ihm nach Lüneburg ziehen wollen und ob "nach seinem etwa erfolgenden Ableben diese weiter keinen Anspruch auf einen künftigen Schutz allhier machen, sondern sämmtlich alsdann wieder von hier ziehen, und sich nicht weiter darauf berufen wollen, daß ihrem verstorbenen Vater allhier der Aufenthalt gestattet gewesen ist". Der Bevollmächtigte müsse auch sagen können, um welche Art von Kaution es sich handeln solle, und mit Anweisungen hinreichend versehen sein. Es werde sich dann ja zeigen, ob man Salomon Heines persönliche Anwesenheit entbehren könne oder nicht.

Dieses Briefkonzept wurde am 2.4.1822 im Stadtrat beraten. Salomon Heine hielt es nun doch für besser, persönlich in Lüneburg zu erscheinen.

6. Das Protokoll der Vernehmung Salomon Heines am 24.4.1822 auf dem Rathaus zu Lüneburg. Er gibt an:

Sein Bruder sei Kaufmann in Düsseldorf gewesen. Dort habe er auch seine jetzige Frau geheiratet. Inzwischen habe er aber einen großen Teil seines Vermögens verloren und könne davon allein nicht mehr leben. Salomon Heine habe sich als einziger wohlhabender Bruder der Familie angenommen. Er glaube, daß Samson Heine mit einem Unterhalt von wenigsten 2000 Mark Courant in Lüneburg reichlich auskommen könne. Auch das Schulgeld für den Knaben (Maximilian) wolle er bezahlen. Sein Bruder habe zwar drei Söhne und eine Tochter, doch versorge sich der älteste (Heinrich Heine) in Berlin, wo er studiert habe, selbst. Der zweite (Gustav) erlerne ohne große Unterstützung "im Dänischen" die Landwirtschaft. Samson Heine werde also lediglich seine Frau, den etwa fünfzehnjährigen dritten Sohn (Maximilian), der später auch studieren wolle, und seine etwa siebzehnjährige Tochter (Charlotte) nach Lüneburg mitbringen. Für den Magistrat wichtig zu wissen: Keiner der Söhne will später Geschäftsmann werden. Salomon Heine wiederholt, sein Bruder wolle auf Handel und Gewerbe verzichten. Keinem Familienmitglied solle aus dem Aufenthaltsrecht ein Anspruch auf "Schutzerteilung" erwachsen. Zur Sicherheit wolle er die Unterhaltssumme von 2000 Mark dem Lüneburger "Schutzjuden" Wolff Abraham Ahrons jährlich im voraus anweisen, von dem sein Bruder das Geld dann nach und nach erhalten könne.

Man läßt nun Wolff Abraham Ahrons kommen, der sich "zu Bestellung dieser Sicherheit, wenn sie auch noch höher sich erstrecken sollte, gern bereit" erklärt, da "er den Banquier Salomon Heine als einen sichern Mann kenne". Er sei völlig davon überzeugt, daß jener seinen Bruder nie im Stich lassen und für den Fall eines früheren Todes vorsorgen werde.

Salomon Heine wiederholt, daß seine ganze Familie aus Hannover stamme und man ihr dort ein Aufenthaltsrecht nie verweigern würde.

Am folgenden Tag reicht Wolff Abraham Ahrons eine Erklärung nach:

7. Die Erklärung von Wolff Abraham Ahrons vom 25.4.1822. Er habe bei der Bürgschaft für Salomon Heine eine Aufkündigungsklausel für sich und seine Erben vorzubehalten vergessen und wolle das nun nachholen.

8. Das Reskript der Königlichen Provinzialregierung an den Magistrat zu Lüneburg vom 3.5.1822. Der Magistrat wird an die Abstattung des Berichts erinnert.

Am 14.5.1822 berät der Stadtrat über die Vernehmung Salomon Heines und die Eingabe von Wolff Abraham Ahrons. Die Dokumente werden Bürgermeister Krukenberg übergeben.

9. Das Protokoll der Vernehmung von Wolff Abraham Ahrons am 21.5.1822 auf dem Rathaus. Der Magistrat sei nicht bereit, die Aufkündigungsklausel zu akzeptieren. Entweder übernehme er die Bürgschaft ohne Vorbehalt, oder Salomon Heine müsse sich einen anderen Bürgen suchen. Daraufhin verzichtet Wolff Abraham Ahrons auf seinen Zusatz.

10. Das Konzept des Magistratsberichts an die Königliche Provinzialregierung vom 30.5.1822. Bürgermeister Krukenberg entschuldigt sich für den Verzug. Da die Familienverhältnisse der Brüder Heine völlig unbekannt gewesen seien, habe man erst eine nähere Erklärung Salomon Heines einziehen müssen. Dann kolportiert der Bürgermeister mit kleinen Abweichungen das Vernehmungsprotokoll. Er resümiert: "Unter diesen Umständen finden wir es nur ganz unbedenklich, daß dem Samson Heine der Aufenthallt in hiesiger Stadt gestattet werde, müßen jedoch ehrerbietigst darauf antragen, daß solcher stets nur als temporell angesehen, und ausserdem sofort wieder zurückgenommen werden könne, sobald derselbe über kurz oder lang wider Erwarten den von ihm eingegangenen Verpflichtungen in einem oder dem andern Fall kein Genüge leisten sollte."

11. Das Reskript der Königlichen Provinzialregierung an den Magistrat zu Lüneburg vom 2.7.1822 (Bild 25). Der Erlaß lautet:

"Unter den mittelst Berichts vom 30.- May d. J. einbezeugten Umständen finden Wir nichts dabey zu erinnern, daß dem Israeliten Samson Heine, der bisher zu Düsseldorf etablirt gewesen, der temporelle Aufenthalt für sich, seine Ehefrau und seine Kinder, in der Stadt Lüneburg unter der Bedingung gestattet werde, daß dessen Bruder, der Banquier Salomon Heine zu Hamburg, so wie der als Bürge gestellte dortige Schutzjude Wolf Abraham Ahrons den in solcher Hinsicht übernommenen Verbindlichkeiten jeder Zeit gehörig nachkommen werden; widrigen Falls der gedachte Samson Heine angehalten werden wird, die hiesigen Lande sofort wieder zu verlassen.

Hannover den 2. - July 1822.
Königliche Großbritannisch-Hannoversche
Provinzial-Regierung.
GW Dommes"

Am 9.7.1822 wird der Erlaß im Stadtrat beraten. Abschriften erhalten Polizei und Gericht. Nach vier Monaten findet das Verfahren damit seinen Abschluß.

II.

Bildteil B

22 Deckel der Akte "Samson Heine", 1822.

23 Schreiben Salomon Heines an den Lüneburger Bürgermeister Krukenberg
    vom 8.3.1822, Seite 1.

"Einer meiner Brüder namens Samson Heine, ist genöthigt nach einem Ort mit seiner Familie
zu ziehen, wo er mit einem anständigen Leben oeconomische Rücksichten verbinden kann. Er
hat sein Augenmerk auf Lüneburg gerichtet, und ich habe um die Erlaubniß hierzu heute bey
Ewer Königl. Provinzial Regierung in Hannover nachgesucht."

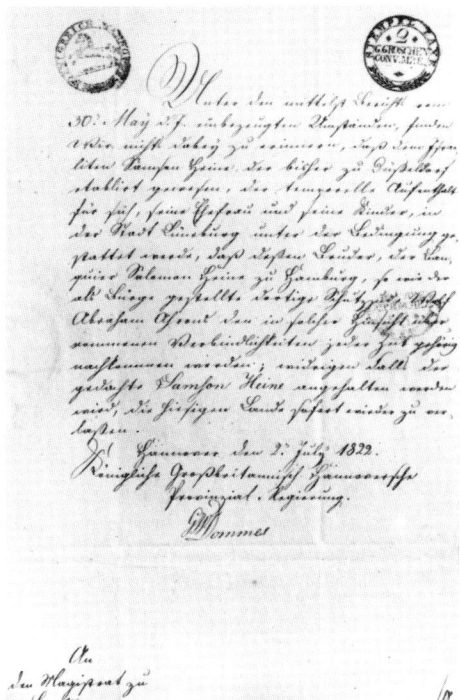

24   Schreiben Salomon Heines an den Lüneburger Bürgermeister Krukenberg
      vom 8.3.1822, Seite 2.

25   Reskript der Königl. Provinzial-Regierung zu Hannover an den
      Magistrat der Stadt Lüneburg vom 2.7.1822.

Der Familie Samson Heine wird der Aufenthalt in Lüneburg bis auf weiteres gestattet.

26 *Auszug aus der Schoßliste für 1823.*

Samson Heine wird als "Jude Heine", in späteren Jahren als "Israelit Heine" registriert. Die
Familie bewohnt die 2. Etage des Hauses "Marktviertel Nro. 2".

27 *Auszug aus der Gassenerleuchtungsrolle für 1825.*

28 *Verzeichnis der "mit Geleit und Schutz" versehenen jüdischen*
      Einwohner Lüneburgs, 1823.

Am 22.3.1823 erging an den Lüneburger Magistrat die Aufforderung der Königl. Provinzial-Regierung zu Hannover, binnen drei Wochen ein namentliches Verzeichnis der "vergleiteten" jüdischen Einwohner zu erstellen. Anzumerken war auch "der Betrag des bisher von ihnen in die landesherrliche Casse entrichteten jährlichen Schutz-Geldes". Samson Heine hatte fünf Reichstaler 'Sondersteuer' auf den jüdischen Glauben zu entrichten.

29 *"Übersicht der in hiesiger Stadt wohnhaften unvergleiteten Juden"*,1823.
Noch in der 1. Jahreshälfte 1823 fand eine Verwaltungsreform statt. An die Stelle der Königl.
Provinzial-Regierung zu Hannover traten neugebildete Landdrosteien (Bezirksregierungen), die
zur Anlage von Akten neue Daten benötigten. Zu diesem Zweck wurden am 20.8.1823 alle
jüdischen Familienväter Lüneburgs zur Vernehmung auf das Rathaus geladen und das Protokoll
anschließend in Tabellen übertragen.

C.

"Heimkehr"

I.

Loreley am Lösegraben

Der Beitrag der Situationsforschung zur werkgerechten Interpretation von Heines Gedichten "Mein Herz, mein Herz ist traurig" und "Ich weiß nicht was soll es bedeuten".

Werkgerechte Interpretation bedarf der Quellenforschung, der Kenntnis der Sachgehalte. Situationsforschung befaßt sich mit den Wechselbeziehungen zwischen dem Dichter und seiner nächsten Umgebung. Soweit sich diese im Text niedergeschlagen haben, sind sie als Moment des Sachgehaltes bei der Interpretation zu berücksichtigen. Wie wichtig die genaue Kenntnis der Situation im Einzelfall sein kann, läßt sich eindrucksvoll an Heines Gedicht "Mein Herz, mein Herz ist traurig" demonstrieren. Auch die "Loreley" wird unter neuem Aspekt zu lesen sein.

Am 21. Mai 1823 traf Heinrich Heine zum ersten Besuch bei seinen Eltern in Lüneburg ein (Bild 30,31) [1]. Beinahe vier Wochen später, am 18. Juni, fühlte er sich in der Stadt noch immer einsam:

"Ich lebe hier ganz isolirt, mit keinem einzigen menschlichen Menschen komme ich zusammen [...]. Ich habe hier also bloß mit den Bäumen Bekanntschaft gemacht, und diese zeigen sich jetzt wieder in dem alten grünen Schmucke, und mahnen mich an alte Tage, und rauschen mir alte vergessene Lieder ins Gedächtniß zurück, und stimmen mich zur Wehmuth" [2].

Aus dieser Stimmung der ersten Tage in Lüneburg werden die Gedichte "Ich weiß nicht was soll es bedeuten" und "Mein Herz,mein Herz ist traurig"(Bild 33) entstanden sein:

"Ich weiß nicht was soll es bedeuten,
Daß ich so traurig bin;
Ein Märchen aus alten Zeiten,
Das kommt mir nicht aus dem Sinn.

Die Luft ist kühl und es dunkelt,
Und ruhig fließt der Rhein;
Der Gipfel des Berges funkelt
Im Abendsonnenschein.

Die schönste Jungfrau sitzet
Dort oben wunderbar;
Ihr goldnes Geschmeide blitzet,
Sie kämmt ihr goldenes Haar.

Sie kämmt es mit goldenem Kamme
Und singt ein Lied dabei;
Das hat eine wundersame,
Gewaltige Melodei.

Den Schiffer im kleinen Schiffe
Ergreift es mit wildem Weh;
Er schaut nicht die Felsenriffe,
Er schaut nur hinauf in die Höh.

Ich glaube, die Wellen verschlingen
Am Ende Schiffer und Kahn;
Und das hat mit ihrem Singen
Die Lore-Ley getan.

Mein Herz, mein Herz ist traurig,
Doch lustig leuchtet der Mai;
Ich stehe, gelehnt an der Linde,
Hoch auf der alten Bastei.

Da drunten fließt der blaue
Stadtgraben in stiller Ruh;
Ein Knabe fährt im Kahne,
Und angelt und pfeift dazu.

Jenseits erheben sich freundlich,
In winziger, bunter Gestalt,
Lusthäuser, und Gärten, und Menschen,
Und Ochsen, und Wiesen, und Wald.

Die Mägde bleichen Wäsche,
Und springen im Gras herum:
Das Mühlrad stäubt Diamanten,
Ich höre sein fernes Gesumm.

Am alten grauen Turme
Ein Schilderhäuschen steht;
Ein rotgeröckter Bursche
Dort auf und nieder geht.

Er spielt mit seiner Flinte,
Die funkelt im Sonnenrot,
Er präsentiert und schultert -
Ich wollt, er schösse mich tot."[3]

Heines Bruder Max, der 1822 mit den Eltern nach Lüneburg gezogen war, erinnerte sich später, die Szene des Gedichts "Mein Herz, mein Herz ist traurig" passe "genau auf die damalige Lokalität des Lüneburger Walles" [4].

Am Stadtgraben (seit 1874: Lösegraben) lagen drei Basteien: Der Schifferwall im Norden, der Schießgrabenwall und der Wandrahmwall im Süden. Den letzteren zeigen Stadtpläne von 1805 [5] und 1813 [6] baumlos. 1823 standen dort allenfalls sehr junge Linden. Auch verstellte das Gebäude der Altenbrücker Torwache aus der Perspektive vom Wandrahmwall vermutlich die Sicht auf den paradierenden Posten. Den Blick von diesem Teil des Walles schildert das Gedicht also nicht; ebensowenig den vom Schifferwall, denn der lag außer Hörweite einer Mühle. Heine, von Göttingen her gewohnt, auf Basteien spazieren zu gehen, lehnte also an einer Linde auf dem Schießgrabenwall.

Carl Cassau, der noch Lüneburger Bekannte des Dichters gesprochen hat, erzählt: "Auf dem Schießgrabenwall, einer herrlichen Promenade mit Rasenplätzen, Ruhesitzen und einer vierfachen Reihe hoher Prachtlinden gegen [Osten] nach dem alten Stadtgraben hingekehrt, an dessen anderem Ufer Pavillons in hübschen Gärten lagen, auf dem Kähne und Böte sich schaukelten, saß Heinrich Heine oft auf seinen Spaziergängen" (Bild 32) [7].

Zwei Stellen des Schießgrabenwalles lagen in Hörweite von Mühlen:

1. Der Abschnitt nördlich einer hohen, baumlosen Kuppe, dem Rest des "Cavaliers", der ehemaligen "hohen Batterie". Aus dieser Position konnte man die Geräusche zweier Mühlen, der Abts- und der Lünermühle hören, das Mühlengetriebe infolge starker perspektivischer Verkürzung aber vermutlich schlecht sehen. Auch erschienen die Mägde der etwa 400 m weiter südlich gelegenen Altenbrücker Bleiche aus spitzem Winkel schon recht klein. Von hier war die Lüner Torwache einzusehen. Doch besaß das Gebäude keinen Turm [8]. Es war, wie die benachbarte Torschreiberei, von der leider keine Ansicht erhalten ist, erst um 1760 errichtet worden - für Lüneburger Verhältnisse also relativ neu. Ein

alter Turm befand sich nicht in der Nähe. Diesen Standpunkt wird Heine demnach nicht eingenommen haben .

2. Das südliche Ende des Schießgrabenwalles mit Blick auf die Ratsmühlenanlage jenseits der Altenbrückertorstraße. Aus dieser Position (Bild 34) ließ Heine seinen Blick im Zirkel wandern:

Ausgehend von der Linde, an der er lehnte, lenkte er das Auge nach Nordosten auf den etwa 30 m abwärts entfernten, ca. 50 m breiten Stadtgraben im Vordergrund, dann auf die Kleingärten am jenseitigen Ufer. Die Wasseroberfläche reflektierte das Blau des Himmels. Nur am Rande vermochten die niedrigen Lauben und kleinen Bäume der Gärten sich schwarz-grün im Stadtgraben zu spiegeln. Sanft "erhebt sich" das Gelände, denn das alte Lüneburg lag in einer weiten Senke. Weiter wanderte der Blick nach Osten auf Ochsengespanne entlang der Dahlenburger Chaussee. Südlich von ihr lag ein großes Wiesengrundstück: das "Laffertsche Camp". Am Horizont erschien die Wald- und Heidelandschaft südöstlich von Gut Kaltenmoor (heute: Waldfriedhof). Aus der Ferne kehrte der Blick in den Mittelgrund zurück auf die Grasfläche der Altenbrücker Bleiche, die sich südlich an das Laffertsche Camp anschloß. Nun wanderte das Auge wieder auf das diesseitige Ufer des Stadtgrabens herüber zur Ratsmühle (Bilder 35,36). Zur Anlage zählten eine Walke-, zwei Kornmühlen und eine Lohmühle. Sechs Räder drehten sich bei voller Produktion zwischen den Kornmühlen, drei weitere an der Lohmühle. Wahrscheinlich befanden sich gerade mehrere Mühlräder in Betrieb. Sie stäubten den Wasserschwall zu Gischt, die in der Abendsonne diamanten glitzerte. Zur Anlage gehörte ferner der alte, 1568-72 erbaute Turm der Ratswasserkunst im Südwesten, der einst Teil der inneren Stadtmauer gewesen war. Etwa 120 m näher befand sich auf Schußweite (40 m) von Heine entfernt das flache Gebäude der Altenbrücker Torwache [9]. Nur in der Perspektive vom äußersten Ende des Walles lagen Turm und Wache nah beieinander. In leichtem Gegenlicht aus Westnordwest wirkte die Schattenseite des Backsteinturmes auf Heine schmutzig-grau. Heine wird also an einer der drei ersten, vermutlich an der zweiten Linde am Abhang zum Stadtgraben gestanden haben. Dorthin, d.h. zur eigenen Person, kehrte die Wahrnehmung schließlich zurück.

Die Situationsanalyse ergibt also zunächst, daß Heine ein Landschaftsbild nach der Natur zeichnete. Man kann es geradezu impressionistisch nennen: Aus einer Perspektive und nur unter bestimmten Lichtverhältnissen schien der Stadtgraben blau, das Mühlrad Diamanten zu stäuben, der Backsteinturm grau und das Schilderhäuschen am Turm zu stehen. Der Blick war beabsichtigt, die biedermeierliche Idylle vom Lüneburger Bürgertum geplant:

Der Wall war in eine Promenade verwandelt und der Stadtgraben, um den Mühlen in der Stadt das Wasser nicht zu entziehen, durch Dämme mit sehr engen Sielen reguliert worden. Als flaches, aber breites, eher ruhendes als fließendes Gewässer, in das zudem an mehreren Stellen Aborte eingeleitet wurden, verkrautete er und roch bei Hitze übel. Diese negative Folge nahm man in Kauf, um sich den angenehmen Anblick einer breiten Wasserfläche zu erhalten [10]. Die Gartenanlage am jenseitigen Ufer war 1811 nach Osten bedeutend erweitert worden. Sogar das Gelände ums ehemalige Schafott lächelte nunmehr paradiesisch. Honoratioren und begüterte Bürger nahmen die Gärten in Pacht, die der ungehinderten Aussicht wegen nur durch zierliche Hecken und Zäune eingefriedet werden durften. Baupläne für Lusthäuser und Lauben waren zur Genehmigung vorzulegen, Vermietung an arme Leute zu Wohnzwecken blieb untersagt; desgleichen: Errichtung von Ställen, Viehhaltung und Anbau von Feldfrüchten [11]. Später wurde auch die Lagerung von Unrat und Mist am Straßenrand, ferner das Trocknen von Wäsche und anderes mehr unter Strafe gestellt [12]. Man wollte in ungetrübtem Anblick des "Naturschönen" unter sich bleiben und sich erholen.

Ökonomische Interessen hatten die biedermeierliche Idylle nur gestundet und jahrzehntelang die Ausdünstungen des Stadtgrabens als vergleichsweise geringen Zins gefordert. 1847 und 1874 verlangten sie die Tilgung der Schuld. Wallpromenade und Gärten fielen dem Bau zweier Eisenbahnlinien zum Opfer. Der

Stadtgraben wurde verengt und kanalisiert. Er dient seitdem als "Lösegraben" der Abfuhr des Hochwassers. Der Romantiker Heine wußte, daß die Idylle bald zur Industrielandschaft entstellt sein würde. Wehmut überschattete die "Heimkehr" - so der Titel des Gedichtzyklus, dessen Auftakt die gegenwärtigen Lieder bilden.

Heine sieht sich nicht besitzergreifend oder genießend im Mittelpunkt des Landschaftszirkels stehen. Haltsuchend lehnt er an einer Linde - durch ihn "zum deutschen Volks- und Liebesbaum neu chiffriert" [13]. Gerade indem er sich selbst nur eine Randexistenz erlaubt, macht er sich den Objekten der Landschaft gleich. Er berührt sie nur, läßt sich rühren und wünscht offenbar, ihnen anzugehören. Doch bleibt er zugleich fremd und erhaben auf dem Wall stehen. Er sieht sich offenbar bedroht und hält sich auf der Bastei verschanzt. Weder gelingt ihm die Assimilation, obwohl der neue Frühling ihn einlädt, noch vermag er, sich von der Belagerung zu befreien. Er wünscht sich den Tod. Heines "Götterdämmerung" (Erstdruck 1822) gibt eine Erklärung für die Verschanzung gegen den "lustig leuchtenden Mai":

"Zu mir kam auch der Mai. Er klopfte dreimal
An meine Tür und rief: Ich bin der Mai,
Du bleicher Träumer, komm, ich will dich küssen!
Ich hielt verriegelt meine Tür und rief:
Vergebens lockst du mich, du schlimmer Gast.
Ich habe dich durchschaut, ich hab durchschaut
Den Bau der Welt [...]
Der Mai vergeblich strebt. Ich seh die Toten;
Sie liegen unten in schmalen Särgen,
Die Händ gefaltet und die Augen offen,
Weiß das Gewand und weiß das Angesicht,
Und durch die Lippen kriechen gelbe Würmer." [14]

Dem äußeren Standpunkt "hoch auf der alten Bastei" entspricht der innere: Sub specie aeternitatis erscheint die Idylle als glänzender Betrug, wenn individuelle

Erlösung ausbleibt. Heine wünscht sich den Tod als Ende seiner Leiden an der stets erneuerten, stets betrogenen Hoffnung auf Heimat in emphatischem Sinne, auf Erlösung. Wie anders klingt das Lied Paul Gerhards "Geh aus, mein Herz, und suche Freud", der sich mit einem die Erlösung antizipierenden Glauben in der blühenden Welt glücklich, beinahe daheim fühlen kann und den Tod als Eintritt in ein noch herrlicheres Reich herbeisehnt! Sein volkstümliches Kirchenlied [15] zählte Heine sicher zum Repertoire des "kleinen Harfenmädchens" im "Wintermärchen" - und der Loreley.

Heines Lüneburg-Gedicht scheint typisch romantisch:

"Die politische Revolution hatte die alten Schranken zwischen den Klassen aufgehoben, die wirtschaftliche Revolution die Mobilität des Lebens in einem zuvor undenkbaren Maße gesteigert. Die Romantik war die Ideologie der neuen Gesellschaft und drückte die Weltanschauung einer Generation aus, die an keine absoluten Werte mehr glaubte, an keine Werte mehr glauben konnte, ohne sich ihrer Relativität, ihrer geschichtlichen Determiniertheit zu besinnen. Sie sah alles an geschichtliche Voraussetzungen gebunden, weil sie den Untergang der alten und die Entstehung der neuen Kultur als ihr eigenes Schicksal erlebte [...]. Das Gefühl der Heimatlosigkeit und der Vereinsamung wurde zum entscheidenden Erlebnis der neuen Generation; ihre ganze Weltanschauung war und blieb davon abhängig. Es nahm unzählige Formen an und fand seinen Ausdruck in einer Reihe von Fluchtversuchen, von welchen die Wendung zur Vergangenheit nur die ausgeprägteste war [...]. Heimweh und Fernweh - das sind die Gefühle, von welchen die Romantiker hin- und hergerissen werden; sie vermissen die Nähe, leiden an ihrer Abgesondertheit von den Menschen, sie meiden sie aber zugleich und suchen mit Fleiß die Ferne, das Unbekannte. Sie leiden an ihrer Entfremdung von der Welt, sie bejahen und wollen aber diese Entfremdung" [16].

Die Fluchtlinien von Fernweh und Heimweh laufen auf den Tod als Ende des Leidens zu. Vorzeichen und Chiffren des Todes finden sich in beinahe jedem Vers des Lüneburg-Gedichtes: die Traurigkeit; die alte Bastei, die an vergangene

Schlachten erinnert und einem riesigen Grabhügel ähnelt; Graben und Kahn mahnen an die Flüsse der Unterwelt, an den Grenzfluß Acheron, über den der Tote ins Jenseits gleitet, und an die Lethe, das Wasser des Vergessens; das ruhige Fließen deutet auf die Grabesruhe hin; das Blau - Farbe der Kälte und der Sehnsucht; der Kahn ähnelt dem Sarg; in ihm sitzt der ewig junge Angler, der mit Lust nach dem Leben der Fische angelt; die Lusthäuser und Gärten des Lebens - winzige bunte Erhebungen! Sub specie aeternitatis geht es "dem Menschen wie dem Vieh; wie dieses stirbt, so stirbt er auch" (Pred. 3,19); Wiesen: Rückzug aus der Kultur - perspektivischer Fluchtpunkt: Waldeinsamkeit, Waldfrieden; das Bleichen der Wäsche mahnt an das Erbleichen und das reine, weiße Leichentuch; auch das Gras eine Chiffre des Todes, denn "alles Fleisch ist wie Gras, und alle Herrlichkeit der Menschen wie des Grases Blume. Das Gras ist verdorrt und die Blume abgefallen" (1. Petr. 1,24. Vgl. Jes. 40,6f und 51,12; Ps. 90,5f; Ps. 102,12; Ps. 103,15; Jak. 1,10f); Gras - Sarg: ein Heine vielleicht geläufiges Palindrom. Die Mägde springen im Sarg herum. Noch fahren sie aufwärts im Lebensrad, einmal aber gehts hinab! Ahnungslos bleichen sie schon ihr eigenes Leichentuch. Die Bilder erläutern einander, denn in späteren Ausgaben verbindet Heine diese Verse mit den folgenden durch einen Doppelpunkt: das Mühlrad, Chiffre des Weltenrades, zerreibt sogar unzerstörbar scheinende Diamanten zu Staub; von Ferne, doch allgegenwärtig begleitet das monotone Gesumm der "Todesmühle" das Leben. Es schläfert ein. Heine spricht von dem "Mühlrad" und "der Linde", obwohl er mehrere Mühlräder erblickt und an einer von vielen Linden auf der Bastei lehnt. "Das Mühlrad" steht für alle Mühlräder, "die Linde" für die Linde schlechthin. Heine meint das Typische, das Sinnbild. Der Turm, Zeichen wehrhafter Stärke, ist alt und grau; im Schilderhäuschen möchte Heines "Grenadier" begraben werden [17]; rot wie sein Rock ist das Blut, das er vergießt; rot funkelt auch die Flinte im Sonnenlicht [18]; wie ein Uhrwerk geht der Bursche auf und nieder; der nahe Sonnenuntergang - Chiffre des Todes! Der auf den ersten Blick überraschend wirkende Schlußvers erweist sich also als gut vorbereitet und in das Gedicht integriert.

Die romantische Kritik, die allen Werten nur ein relatives Recht zugestehen mochte, verlangt für sich absolute Geltung: "Das Gedicht ist von leuchtender Frische. Nichts ist welk" [19]. Gerade Bilder der Geborgenheit und des unbefangenen Spiels - reiner Ausdruck des Lebens - wertet der Romantiker um zu Zeichen des Todes: der lustig leuchtende Mai, der Halt gewährende Lindenbaum, der beruhigend fließende Stadtgraben - Bilder einer freundlichen, tröstenden Natur; das paddelnde, angelnde und pfeifende Kind; die weite, lächelnde Landschaft; herumtollende Mägde; das angenehme Summen der Wassermühle; der schöne rote Rock des Burschen, der vor dem bunten Schilderhäuschen Soldat spielt. Alles Schöne trägt schon das Zeichen des Todes. Es stillt das Heimweh nicht.

Heine verzichtet freilich auf "romantische" Szenerie. Die biedermeierliche Umgebung schien deutschen Romantikern nicht darstellenswert. Sie strebten über die Ränder der gewohnten Welt in die Vergangenheit, "in die Utopie und das Märchen, das Unbewußte und Imaginäre, das Unheimliche und Geheimnisvolle, zur Kindheit und zur Natur, in den Traum und den Wahnsinn" [20]. Heine bleibt dagegen am Ort, er vergegenwärtigt die Situation. Die Darstellung der konkreten und zugleich typischen biedermeierlichen Umgebung verleiht dem Ausdruck der Trauer Individualität, Tiefe, Kontrast und zugleich Allgemeingültigkeit. Heines realistisch-hart formuliertes Todesverlangen sprengt endgültig den Bannkreis romantischer Wehmut. Während er beispielsweise vier Verse darauf verwendet, den Tod des Schiffers im Loreley-Gedicht zu umschreiben, läßt er dem Leser zu "romantischen", also wehmütig-süßen Empfindungen hier keine Zeit: Heine will sich nicht an dem Gefühl berauschen, ihn verlangt nach dem wirklichen Tod.

Heines Vater war ein kranker Jude. Seine Eltern lebten in Lüneburg deshalb doppelt isoliert. Sein Studium neigte dem Ende zu; die Geschwister verließen die elterliche Wohnung; der Vater, Vorbild der Kindheit, hatte durch Krankheit seine Autorität verloren; das Düsseldorfer Elternhaus war längst verkauft. Die fremde Lüneburger Wohnung sollte nun also das neue Zuhause sein! Heine litt ständig Kopfschmerzen. So war die Vergänglichkeit allseits präsent und die "Heimkehr" in den "Schoß der Familie" [21] vom Abschied überschattet. Mit der jüdischen Gemeinde in Lüneburg mochte Heine sich nicht einlassen: "Juden sind hier, wie überall, unausstehliche Schächerer und Schmutzlappen" [22] - nach vier Wochen Aufenthalt steht das Vorurteil fest. Andererseits wird er selbst schon am Stadttor mit Judenverachtung empfangen: "Bey meinem Eintritt in Lüneburg merkte ich daß hier großes Rischeß herrscht und ich nahm mir vor ganz isolirt zu leben" [23]. Dem fremden Intellektuellen fehlte es zunächst an passender Gesellschaft. Sein Leiden an der Existenz, seine Heimatsehnsucht war auch Ausdruck dieser konkreten Erfahrungen des Abschieds und der Isolation, die Flucht in die halblebendige Natur, zur Linde, dem "deutschen Volks- und Liebesbaum" als Erzähler wehmütiger Märchen, auch Reflex auf und Protest gegen die als typisch erfahrene Lüneburger Situation.

Ein wehmütiges Märchen ist das der Loreley. Das Lied "Ich weiß nicht was soll es bedeuten" entstand nicht am Rhein, sondern 1823 ebenfalls in Lüneburg. Das gilt heute als gesichert. Im "Heimkehr"-Zyklus, wie er 1827 ins "Buch der Lieder" aufgenommen wurde, folgen beide Gedichte aufeinander. Sie sind sich nach Form und Inhalt offensichtlich ähnlich. In der Bedeutung einer kritisch-distanzierten Neubearbeitung darf man das Lüneburg-Gedicht wohl als Parodie [24] auf die "Loreley" ansehen. Den Phantasiebildern und Motiven der "Loreley" entsprechen ähnliche, doch realistische in "Mein Herz, mein Herz ist traurig":

<u>Ich weiß nicht was soll es bedeuten</u>	<u>Mein Herz, mein Herz ist traurig</u>
1. Trauer	
Daß ich so traurig bin	Mein Herz, mein Herz ist traurig
2. alte Zeit	
Ein Märchen aus alten Zeiten	Hoch auf der alten Bastei
	Am alten grauen Turme

3. ruhig fließendes Gewässer

Und ruhig fließt der Rhein

Da drunten fließt der blaue
Stadtgraben in stiller Ruh

4. (hohe) Erhebung / 5. funkelndes Abendrot

Der Gipfel des Berges funkelt
Im Abendsonnenschein

Hoch auf der alten Bastei
Jenseits erheben sich freundlich,
In winziger, bunter Gestalt
Die funkelt im Sonnenrot

6. Spiel und weibliches Putzen / 7. Sonnen-Gold [25]

Die schönste Jungfrau sitzet
Dort oben wunderbar;
Ihr goldnes Geschmeide blitzet,
Sie kämmt ihr goldenes Haar

Und angelt und pfeift dazu
Lusthäuser, und Gärten, und Menschen
Die Mägde bleichen Wäsche,
Und springen im Gras herum
Er spielt mit seiner Flinte,
Die funkelt im Sonnenrot

8. Gold und Edelstein / 9. einschläfernde, betörende Melodie

Sie kämmt es mit goldenem Kamme
Und singt ein Lied dabei

Das Mühlrad stäubt Diamanten,
Ich höre sein fernes Gesumm

10. kleiner Schiffer, kleiner Kahn

Den Schiffer im kleinen Schiffe

Ein Knabe fährt im Kahne

11. Todessog - Todesverlangen

Ich glaube, die Wellen verschlingen
Am Ende Schiffer und Kahn

Er präsentiert und schultert -
Ich wollt, er schösse mich tot

Man muß beide Gedichte wohl als Einheit lesen: "Mein Herz, mein Herz ist traurig" schildert die objektive Situation, Heines Handeln und seine Wahrnehmungen: "Ich stehe, gelehnt an der Linde, / Hoch auf der alten Bastei [...].Das Mühlrad stäubt Diamanten, / Ich höre sein fernes Gesumm." Das Loreley-Gedicht erzählt dagegen, was Heine innerlich bewegt: "Ein Märchen aus alten Zeiten, / Das kommt mir nicht aus dem Sinn." Während Heine sich tatsächlich auf dem Schießgrabenwall in Lüneburg befindet, denkt er an das Märchen von der Loreley am Rhein. Jedenfalls scheint ihn die damalige Landschaft am heutigen Lösegraben zu dem Gedicht "Ich weiß nicht was soll es bedeuten" inspiriert zu haben. So ist wohl auch der oben zitierte Satz zu verstehen: "Ich habe hier also bloß mit den Bäumen Bekanntschaft gemacht, und diese zeigen sich jetzt wieder in dem alten grünen Schmucke, und mahnen mich an alte Tage, und rauschen mir alte vergessene Lieder ins Gedächtniß zurück, und stimmen mich zur Wehmuth." Bekannt ist, daß Heine die ersten Verse der "Loreley" fast wörtlich einem Lied aus dem 16. Jahrhundert entlehnte [26] - dem Säkulum, dem auch der alte graue Turm entstammt.

Die "Loreley", die vom Innern erzählt, beginnt mit einem flüchtigen Blick in die Außenwelt. Der Mai, der so lustig leuchtet, ist implizit gegenwärtig: Deshalb versteht Heine nicht, was die Traurigkeit bedeuten soll. Dann bemüht er sich um genaue Wiedergabe des Märchens, das ihm nicht aus dem Sinn kommen will. Aufrichtig gesteht er, daß er sich an den Schluß der Sage nur vage zu erinnern vermag: "Ich glaube, die Wellen verschlingen / Am Ende Schiffer und Kahn".

"Heine ist ein entlaufener Romantiker, der mit den romantischen Rezepten zu spielen und umzugehen versteht [...]. Für Heines Traditionslosigkeit gibt es keine Spielregeln. Hier lebt er durchaus in der Außenwelt und in ihr allein" [27]. Er richtet die romantische Kritik gegen die Romantik: Wie alles menschliche Handeln ist auch die (eigene) Flucht ins Märchen, sind Heimat- und Todessehnsucht historisches Resultat von relativer Geltung. Nachdem er das wehmütige Märchen, die psychische Realität, registriert und nachgezeichnet hat, entmystifiziert er seine Traurigkeit: Das Lüneburg-Gedicht setzt von Neuem am Ausgangspunkt der "Loreley" an, der rätselhaften Traurigkeit. Dann wird Heine der objektiven Situation inne, durch welche die Erinnerung an das alte Lied und den Sagenkreis der Loreley in ihm ausgelöst wurde. An schicksalhafte mythische Mächte glaubt Heine nicht. Die Loreley entpuppt sich als biedermeierliche Landschaft. Sie ist es, die zu Heimatgefühlen verführen will und Heimat doch versagt, die in Wehmut versetzt und das Todesverlangen eingibt. Das Bild des Schiffers in seinem Sinn, der, wie er sich zu erinnern glaubt, von einer betörenden mythologischen Macht verschlungen wird, entschleiert sich ihm zur Chiffre des eigenen Todesverlangens in der realen Lüneburger Umgebung.

Unverschleiert tritt nun auch die Kritik zu Tage, die der romantischen "Loreley" schon innewohnte: Indem die Realität aus dem Bewußtsein und aus der Dichtung verdrängt wird, wird die Wirklichkeit nicht bloß ideologisch verklärt, sondern "im Grunde auch kritisiert, angegriffen, abgelehnt [...] genau das ist es, was als letzter sozialer Gehalt auch in der Romantik steckt; sie kündigt die bestehende reaktionäre Ordnung"[28]. Heine bejaht die erzwungene Isolation in Lüneburg: "ich nahm mir vor ganz isolirt zu leben." Indem er aber die Isolation bejaht, lehnt er die Gesellschaft auch ab. Kann man die "Loreley" einen Höhepunkt der romantischen Lyrik Heines nennen, so markiert das Lüneburg-Gedicht den Moment der Ablösung und Abkehr von der Romantik, der bewußten Hinwendung zur verdrängten Realität. Die Heimat, von der die Romantik nur träumte, soll Wirklichkeit werden. Den Schritt zum politischen Engagement vollzieht die junge (Schriftsteller-)Generation von 1830, das sogenannte "Junge Deutschland". Die Reaktion zwingt Heine schließlich zu dauernder Emigration. Zwischen "Loreley" und Lüneburg-Gedicht liegt also ein entscheidender Wendepunkt in Heines Biographie und dichterischem Schaffen. Als ein kleines Zeichen seiner Hinwendung zur Realität sind sicher auch die bald sich einstellenden gesellschaftlichen Kontakte in Lüneburg zu werten.

Auf der Bastei der Rationalität hält Heine gegen das Heimatgefühl die Stellung, zu dem der Mai, die Religion, die biedermeierliche Landschaft und die romantische Flucht ins Märchenhafte und Vergangene verführen wollen. Den "bleichen Träumer", der berauscht vom Heimatlied der "Felsenriffe" nicht achtet, der die allgegenwärtigen Vorzeichen des Todes übersieht, den soll der Schuß des Posten in der roten Uniform eines großbritannisch-hannöverschen Infanteristen endgültig aufschrecken. Während die "Loreley" noch in unbestimmter Wehmut endet, schließt das Lüneburg-Gedicht mit realistisch-hartem Todesverlangen. Wegen des fatalen Schlusses konnte es unmöglich zum Volkslied werden. Es ist ein Lied der Heimatlosigkeit geblieben. Die Geschichte hat ihm auf ungeheure

Weise recht gegeben. Wer nicht verdrängen will, spürt den Graben, den Riß, der ihn von dem "wunderschönen" Land trennt, wenn er bei Bergen-Belsen durch die Lüneburger Heide wandert.

"Hundert Jahre hat es gebraucht, bis aus dem absichtsvoll falschen Volkslied ein großes Gedicht ward, die Vision des Opfers. Heines stereotypes Thema, hoffnungslose Liebe, ist Gleichnis der Heimatlosigkeit, und die Lyrik, die ihr gilt, eine Anstrengung, Entfremdung selber hineinzuziehen in den nächsten Erfahrungskreis. Heute, nachdem das Schicksal, das Heine fühlte, buchstäblich sich erfüllte, ist aber zugleich die Heimatlosigkeit die aller geworden; alle sind in Wesen und Sprache so beschädigt, wie der Ausgestoßene es war. Sein Wort steht stellvertretend ein für ihr Wort: es gibt keine Heimat mehr als eine Welt, in der keiner mehr ausgestoßen wäre, die der real befreiten Menschheit. Die Wunde Heine wird sich schließen erst in einer Gesellschaft, welche die Versöhnung vollbrachte" [29]. Selbst ein Paradies auf Erden, ein "ewiger Mai" aber vermag vergangenes Leiden nicht ungeschehen zu machen.

II.

Heinrich Heines Aufenthalte in Lüneburg [30]

1. vom 21. Mai 1823 bis 4. oder 5. Juli 1823
2. vom 13. September 1823 bis 19. Januar 1824
3. von Mitte September 1825 [31] bis 14. Oktober 1825 [32]
4. ca. vom 17. Oktober 1825 bis ca. 22. November 1825
5. vom 23. September 1826 bis 14. Januar 1827
6. um den 7. April 1827 [33]
7. vom 27. Oktober 1827 bis 30. Oktober 1827
8. ein "Besuch Anfang 1829 (oder während späterer Hamburger Aufenthalte bis 1831)" [34]

III.

Bildteil C

30 Heinrich Heine, Bleistiftporträt eines unbekannten Künstlers, um 1825.

J.F. Jägeler über Heines äußere Erscheinung 1823 in Lüneburg: "Heinrich Heine war mehr von hoher als kleiner Statur, hatte ein erdfahles, was man nennt schmutziges Gesicht, das durchaus des idealen Ausdrucks entbehrte, den ich später in seinen Porträts vorfand. Er trug damals schon sein schönes dunkelbraunes Haar lang, zwinkerte aber fortwährend mit den mehr kleinen als großen dunkeln Augen, was einen beunruhigenden Eindruck hervorbrachte. Seine Haltung war gebeugt, seine Toilette etwas vernachlässigt. Ich sehe ihn noch im langen grauen bis über das Knie hinabreichenden Ueberrock von mir." (Cassau)

31 *Am Markt zur Biedermeierzeit, Lithographie nach einer Gouache eines unbekannten Künstlers.*

1823 hatte Lüneburg 1988 Feuerstellen und 11142 Einwohner, Lüne 19 Feuerstellen und 190 Einwohner.

32 *Am Schießgraben, Gouache von Rudolf Jochmus, 1871.*

Blick vom Lüner Tor auf die Gegend unterhalb des Schießgrabenwalles (heute: Straßenzug "Am Werder"). Eine Ansicht des vor dem Stadtgraben liegenden Gartenlandes ist nicht erhalten.

Die schönste Jungfrau sitzet
Dort oben wunderbar,
Ihr gold'nes Geschmeide blitzet,
Sie kämmt ihr goldenes Haar.

Sie kämmt es mit goldenem Kamme,
Und singt ein Lied dabei;
Das hat eine wundersame,
Gewaltige Melodei.

Den Schiffer im kleinen Schiffe
Ergreift es mit wildem Weh;
Er schaut nicht die Felsenriffe,
Er schaut nur hinauf in die Höh'.

Ich glaube, die Wellen verschlingen
Am Ende Schiffer und Kahn;
Und Das hat mit ihrem Singen
Die Lorelei gethan.

3.

Mein Herz, mein Herz ist traurig,
Doch lustig leuchtet der Mai;
Ich stehe, gelehnt an der Linde,
Hoch auf der alten Bastei.

Da drunten fließt der blaue
Stadtgraben in stiller Ruh';
Ein Knabe fährt im Kahne,
Und angelt und pfeift dazu.

Jenseits erheben sich freundlich,
In winziger, bunter Gestalt,
Lusthäuser und Gärten und Menschen,
Und Ochsen und Wiesen und Wald.

Die Mägde bleichen Wäsche,
Und springen im Gras herum;
Das Mühlrad stäubt Diamanten,
Ich höre sein fernes Gesumm.

Am alten grauen Thurme
Ein Schilderhäuschen steht;
Ein rothgeröckter Bursche
Dort auf und nieder geht.

Er spielt mit seiner Flinte,
Die funkelt im Sonnenroth,
Er präsentiert und schultert —
Ich wollt', er schösse mich todt.

33   Romantisierende Illustration des Lüneburg-Gedichtes nach einer Zeichnung von Paul Thumann, um 1880.

Aus: Heinrich Heine's Buch der Lieder. Mit 12 Lichtdruckbildern und 100 Textillustrationen nach Originalzeichnungen von Paul Thumann. Erste illustrierte Ausgabe. Leipzig, Verlag von Adolf Titze, o.J.

34 *Grundriß der Stadt Lüneburg, vermessener und farbig angelegter Stadtplan von C.E. Appuhn, 1802, Ausschnitt.*

1   Heines Standort auf dem Schießgrabenwall

2   Stadtgraben

3   Gärten

4   Chaussee nach Dahlenburg und Uelzen

5   Laffertsches Camp

6   Richtung Wald

7   Altenbrücker Bleiche

8   Mühlräder der Ratsmühle

9   Turm der Ratswasserkunst

10   Altenbrücker Torwache

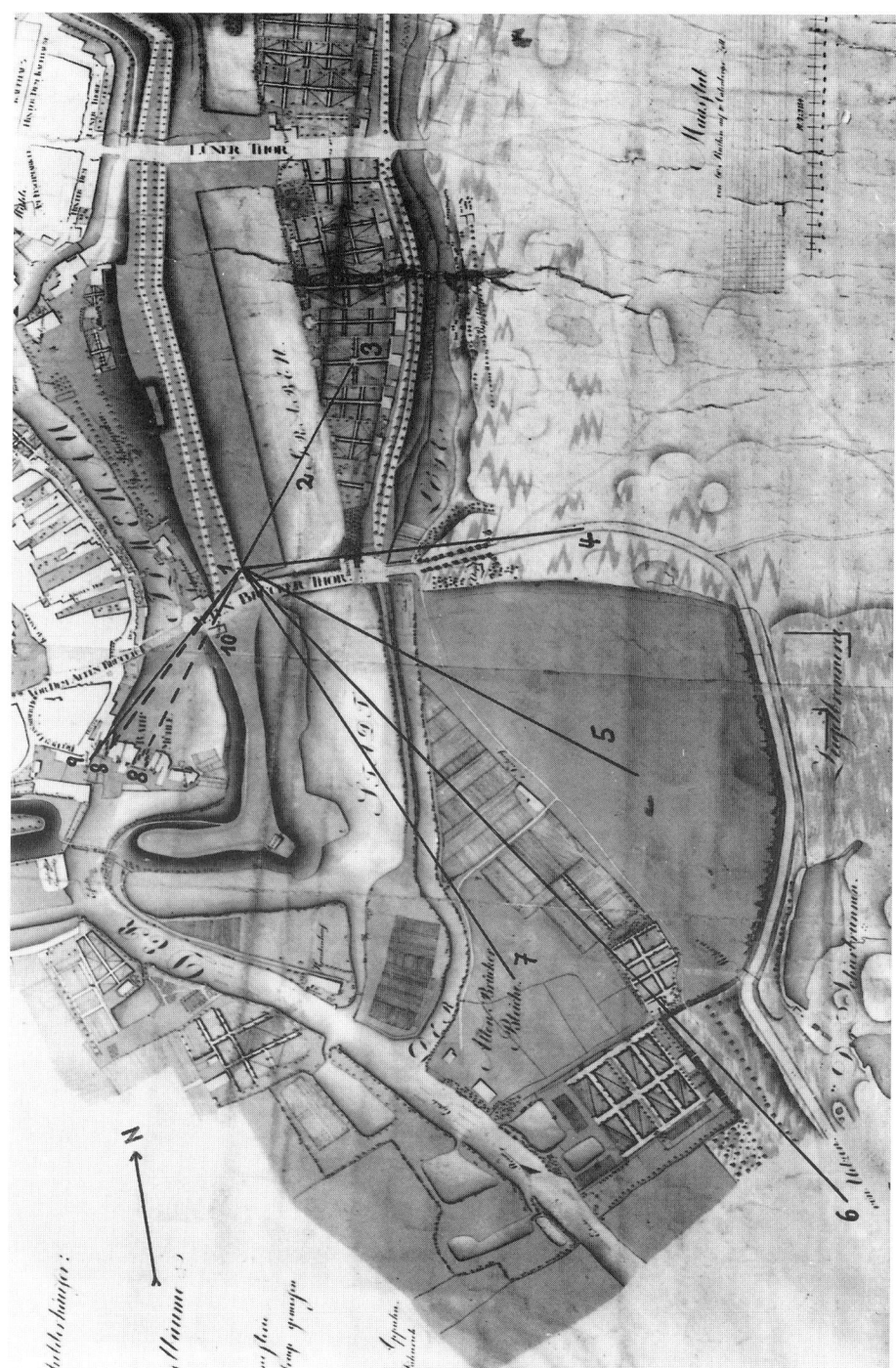

35 *Ratsmühle und Turm der Ratswasserkunst, Zeichnung von Anthonie Waterloo (1610-1690), um 1660.*

36 *Ratsmühle und Turm der Ratswasserkunst, 1987.*

D.

Biographischer Ort "Lüneburg"

I.

"Residenz der Langeweile"

20.11.1824. "Es ist heute Sonntag, Sonntag in Lüneburg !! Was war es denn, was heute Dich beschäftigte, was Dir den Tag totschlagen half? [...] Am Nachmittag ging ich auf einen langweiligen Klub, denn langweilig ist nun einmal alles im alten hannöverschen Lande. [...] In Gesellschaften komme ich höchst selten und suche sie auch nicht. Die Cirkel des Adels, der zum größten Glück hier nicht allzu viel gilt, sind streng abgeschlossen [...]. Die Gesellschaften der übrigen vornehmen Welt [...] sind nach Art des Hamburgischen feinen Tons geistlos, wenn auch nicht steif, doch starr und gezwungen, mehr auf das Essen und Trinken berechnet, als auf lebhafte Unterhaltung. Komme ich in eine solche Gesellschaft, so bin ich entweder tot und stumm; oder es überfällt mich ein wunderlicher Hang, die ganze Welt zu persiflieren, überall Narren zu sehen und mich selbst dazu zu machen. [...] Der Zustand der Wissenschaften im Hannöverschen Lande, namentlich in unserer lieben Spießbürgerstadt Lüneburg ist so erbärmlich, daß ich an der Schule als ein wahres lumen betrachtet werde, und mein Wille imstande ist, alles Mögliche durchzusetzen." [1]

So schildert Karl Friedrich Haage (1801-1842, Bild 37) das gesellschaftliche Leben der Stadt. Er stammte aus Gotha und war, wie Heine, 1823 erstmals nach Lüneburg gekommen. Als Lehrer sollte er das Johanneum reformieren. In Prima unterrichtete er auch Heines Bruder Maximilian. Wie Heine war Haage ein Lieblingsschüler des Göttinger Staatsrechtlers und Historikers Georg Sartorius gewesen, bei dem er 1820-1822 als Hauslehrer wohnte und tätig war. So wird er 1820 schon Heines Bekanntschaft gemacht haben, der "ganze Abende" [2] bei Sartorius zubrachte. Öffentlich huldigte Heine dem Professor, den er wie kaum einen zweiten als Mensch und Lehrer liebte und verehrte, mit einem Gedicht (1822) [3] und einer Eloge in der "Harzreise":

"Ich spreche von Georg Sartorius, dem großen Geschichtsforscher und Menschen, dessen Auge ein klarer Stern ist in unserer dunkeln Zeit, und dessen gastliches Herz offen steht für alle fremde Leiden und Freuden, für die Besorgnisse des Bettlers und des Königs, und für die letzten Seufzer untergehender Völker und ihrer Götter. -" [4]

Vor diesem Horizont erschien Lüneburg. Wie Haage langweilte sich auch Heine. Seiner Schwester Charlotte berichtete er in Briefen vom 15.9. und 6.11.1823:

"Es ist noch immer das alte, mürrische Lüneburg! die Residenz der Langeweile!" [5] Und: "Bildung ist hier gar keine; ich glaube auf dem Rathhause steht ein Culturableiter. Aber die Menschen sind nicht schlimm." (Bild 42) [6]

Inzwischen (Anfang Oktober) hatte Heine einen neuen Freund gefunden: Rudolf Christiani (1798-1858, Bild 41), den Sohn des Superintendenten, der ihm die Türen zur gehobenen Lüneburger Gesellschaft öffnete. Am 10.10. führte er ihn in Haages "langweiligen Klub", den "Klub von 1785" ein [7].

Dort versammelte sich, was in Lüneburg Rang und Namen hatte. 1825 gehörten ihm 150 Mitglieder an, darunter 59 Offiziere, alle amtierenden Senatoren und Bürgermeister und nahezu alle Spitzenbeamten der königlichen Behörden. Ein knappes Drittel war von Adel. Kaufleute und Spediteure, die führenden Unternehmer im kaum industrialisierten Lüneburg, galten als bedingt gesellschaftsfähig. Sie wurden von nur 18 Mitgliedern repräsentiert. Mit den Lehrern der Ritterakademie und des Johanneums bildeten sie die untere soziale Grenze [8].

Der Klub logierte in der Beletage eines Doppelhauses, das dem Konditor Karl Kaulitz gehörte (Bilder 51,52), der 1822 Lüneburgs erstes Theater errichtet hatte. Man traf sich in der Regel nachmittags, um sich zu unterhalten, Billard, Domino und Karten zu spielen, Zeitschriften und Bücher zu lesen, oder im Garten spazieren zu gehen. Gelegentliche Festessen und Bälle fanden in einem großen Saal im Erdgeschoß statt. Mehrere livrierte Diener sorgten für das Wohl der Mitglieder. Der Vermieter hatte sie mit Getränken zu bewirten und "jederzeit schmackhafte Butterbröte auf Verlangen zu verabreichen". Gewählte "Klubbeamte" sorgten für die Einhaltung der Disziplin [9].

Regelmäßig wurde auch die Zeitschrift "Der Gesellschafter" bezogen [10], in der von Heine einiges bereits publiziert worden war. Später enthielt die Bibliothek mehrere Erstausgaben seiner Werke. Fest steht, daß Heine am 10.10.1823, Mitte September 1825, am 1.10.1826, bei einem Festessen am 15.11.1826 und am 18.11.1826 im Klub zu Gast war. Er wird wohl noch häufiger dort gewesen sein. Heute werden die Räume von der Buchgemeinschaft "Clubcenter" in der Lüneburger "Heinrich Heine-Buchhandlung" genutzt.

Leo Löwenthal zeichnet Heine als einen, gerade in jenen Jahren, von vorzeitigem "messianischen Trieb" erfüllten Juden [11]. Die Klubgesellschaft war für ihn völlig unangemessen, wenn ihr auch einzelne gebildete Mitglieder angehörten. Und während Haage, später auch Christiani, reformierend tätig werden wollten, ging Heine aufs Ganze. Er mußte verletzend wirken, denn "auch das Häßliche drängt in jeder um Wahrheit ringenden Seele nach Ausdruck" [12], er zerstörte Lebenslügen. Das betraf besonders die Lüneburger Juden, die Heine als "unausstehliche Schächerer und Schmutzlappen [...] wie überall" titulierte [13]. Ihn erfüllte eine "bis ins Unerträgliche gesteigerte Sehnsucht zu einem reinlichen, wirklichen, schönen Leben" [14] für alle Menschen. Er protestierte dagegen, daß die Juden sich zum Symbol alles Schäbigen machen ließen, gerade weil ihm die universelle Erlösung der sichtbaren Welt, für die das Judentum einsteht, äußerstes Bedürfnis war.

Weil er die Wahrheit offen heraus sagte und das Schöne liebte, wurde Heine gesucht und gefürchtet. Wer nicht verstand, wie ernst ihm sein Witz war, wer ihn für einen "verrückten Dichter" und Komödianten hielt, dem erteilte er eine Abfuhr. Carl Cassau erzählt von Heines Teilnahme am Festessen eines Versicherungsvereins ("Totenkasse"), dessen Vorstand "ein kleiner verwachsener Advokat Dr. Wallis [...] in mancher Beziehung im Orte tonangebend war":

"Wallis aber, als Tisch-Präsident oben an der Tafel hockend, meinte gegen Heine, als der Wein schon anfing seine Wirkung auszuüben: 'Machen Sie doch mal einen Witz, Herr Doctor!' 'Ja wohl!' entgegnete der Schlagfertige: 'Sehen Sie da, meine Herren' - auf Wallis zeigend und die Tafel mit den Augen streifend - 'einen kleinen Punct hinter einer langen Periode!'" [15]

Heine verletzte das Tabu, das Peinliche, Lächerliche oder Tragikomische nicht zu berühren. Seinem Göttinger Studienfreund Ludwig von Diepenbrock-Grüter (1804-1870) erklärte er bei einem Wiedersehen in Lüneburg: "Im gesellschaftlichen Leben suche ich meine Feinde nur lächerlich zu machen, selbst wenn ich Böses von ihnen erzählen könnte. Denn machst du einen Menschen lächerlich, so hast du ihn gesteinigt! Nicht der Lasterhafte, der Lächerlich-Gewordene ist perdutto" [16].

Auch für Schmeicheleien rächte sich Heine mit steinigenden Witzen:

Der Sohn des Bürgermeisters Krukenberg, der unter dem Schutze seines Vaters emporgekommen war, "gab sich nun auch den Anschein, Heine zu verstehen und zu protegiren, besuchte ihn auch zuweilen. Eines Mittags kam nach ihm Christiani ebenfalls zu dem Dichter, der ihm entgegenrief: 'Du wirst mich heute unausstehlich dumm und langweilig finden!' Warum denn? 'Krukenberg war eben hier und wir haben unsere Ideen ausgetauscht!'" [17]

Einer scheint Heines Dichtungen dennoch zu schätzen gewußt zu haben: Johann Friedrich Wagner (1754-1834, Bild 47), der alte Direktor des Johanneums, ein Übriggebliebener der Lessingzeit. An Kleidung und Perücke sah man ihm schon an, daß er aus dem vergangenen Jahrhundert stammte. Und doch würdigte ihn Haage: "Das ist das Achtungswerte in dem Charakter des alten Wagner, daß er noch mit lebendiger Begeisterung die Empfindungen seiner Jugend in sich erwecken und beleben kann; das ist es, was den Geist in seinem gebrechlichen Körper munter und rege erhält und den ehrwürdigen Greis zum Jüngling umwandelt" [18].

Ein ehemaliger Schüler erzählt über ihn: "Eines Tages [...] las uns der alte Herr, dessen Haupt eine mächtige Perrücke zierte, die er alle Augenblicke in ganz possirlicher Weise zurechtzupfte", das Gedicht "Die alten bösen Lieder" aus dem "Lyrischen Intermezzo" von Heine vor. "'Meine geliebten Commilitonen,' fuhr er dann gerührt mit weicher Stimme fort, indem er seine Perrücke zurechtschob, 'wenn im Städtchen von dem alten Director Wagner keine Rede mehr ist'- erneutes Zupfen -, 'wenn Niemand mehr seinen Namen kennt' - abermaliges Schieben an der Kopfbedeckung -, 'so wird man noch von diesem Genie spre- chen' - neues Zupfen und Schieben -, 'das ist der wahre Dichter!' Wir Primaner lachten natürlich und suchten das Ganze im jüdischen Dialect zu copieren." [19]

Die Anekdote läßt auch etwas von dem "Rischeß", der Judenverachtung sichtbar werden, die Heine schon bei seiner Ankunft in Lüneburg bemerkte. Das emphatische Lob für den jüdischen Dichter bringt den Direktor, den "ehr- würdigen Greis", um den Respekt. Er wird gleichsam selbst zur Witzfigur des "alten Juden". Seine mächtige Perücke ersetzt den fehlenden langen Bart. Hier wiederholt sich, was Heine seit dem ersten Gelächter über seine jüdische Abstammung immer wieder erfahren mußte. In seinen "Memoiren" erinnert er sich der Szene.

An einem Sonntag fragte der kleine Heinrich seinen Vater, wer sein Großvater gewesen sei. "Auf diese Frage antwortete er halb lachend, halb unwirsch: 'Dein Großvater war ein kleiner Jude und hatte einen großen Bart.'

Den andern Tag, als ich in den Schulsaal trat, wo ich bereits meine kleinen Kameraden versammelt fand, beeilte ich mich sogleich ihnen die wichtige Neuigkeit zu erzählen: daß mein Großvater ein kleiner Jude war, welcher einen langen Bart hatte.

Kaum hatte ich diese Mitteilung gemacht, als sie von Mund zu Mund flog, in allen Tonarten wiederholt ward, mit Begleitung von nachgeäfften Tierstimmen. Die Kleinen sprangen über Tische und Bänke, rissen von den Wänden die

Rechentafeln, welche auf den Boden purzelten nebst den Tintenfässern, und dabei wurde gelacht, gemeckert, gegrunzt, gebellt, gekräht - ein Höllenspektakel, dessen Refrain immer der Großvater war, der ein kleiner Jude gewesen und einen großen Bart hatte.

Der Lehrer, welchem die Klasse gehörte, vernahm den Lärm und trat mit zornglühendem Gesichte in den Saal und fragte gleich nach dem Urheber dieses Unfugs. Wie immer in solchen Fällen geschieht: ein jeder suchte kleinlaut sich zu diskulpieren, und am Ende der Untersuchung ergab es sich, daß ich Ärmster überwiesen ward, durch meine Mitteilung über meinen Großvater den ganzen Lärm veranlaßt zu haben, und ich büßte meine Schuld durch eine bedeutende Anzahl Prügel." [20]

In Lüneburg fand Heine freilich auch Personen, in deren Gesellschaft er sich wohlfühlte. Vor allem Rudolf Christiani, dessen Vater, der Superintendent, ihn gerne einlud. Christiani, jüdischer Abstammung und als Anhänger Goethes über nationale und religiöse Vorurteile erhaben, sorgte dafür, daß Heines Verse in Lüneburg umliefen. Er hatte Esprit und kleidete sich äußerst elegant. Ein Zeitgenosse berichtet: "Clubherren sogar hörte ich von der Pracht seiner Westen sprechen! Schneiderrechnungen in der damals wirklich exorbitanten Höhe von 500 Thalern waren etwas gewöhnliches bei ihm. [...] 'Wenn wir in den Himmel sehen wollen', sagten die Damen Lüneburgs, 'so sehen wir in Christiani's Augen!'" [21]

Überwältigt von der Zuvorkommenheit, mit der er von Christiani bedacht wurde, verfaßte Heine ein Gedicht auf ihn, - keine konventionelle Danksagung, sondern Verse, denen man das Vergnügen anmerkt, das beide aneinander hatten:

"Diesen liebenswürdgen Jüngling
Kann man nicht genug verehren;
Oft traktiert er mich mit Austern,
Und mit Rheinwein und Likören.

Zierlich sitzt ihm Rock und Höschen,
Doch noch zierlicher die Binde,
Und so kommt er jeden Morgen,
Fragt, ob ich mich wohlbefinde;

Spricht von meinem weiten Ruhme,
Meiner Anmut, meinen Witzen;
Eifrig und geschäftig ist er
Mir zu dienen, mir zu nützen.

Und des Abends, in Gesellschaft,
Mit begeistertem Gesichte,
Deklamiert er vor den Damen
Meine göttlichen Gedichte.

O, wie ist es hoch erfreulich,
Solchen Jüngling noch zu finden,
Jetzt in unsrer Zeit, wo täglich
Mehr und mehr die Bessern schwinden." [22]

Einem Hamburger Freund bekennt Heine: "Du siehst aus diesen Versen, welch ein schlechter Mensch ich bin, und wie wenig ich die Güte und Liebe meiner Freunde verdiene! Doch zu unserem Trost sey es gesagt, statt jener Verse war ich im Begriff, etwas innigst freundschaftlich Seelenvolles zu sagen, und der ironische Teufel hat mir wieder, wie gewöhnlich, entgegengesetzte Worte untergeschoben. -" [23]

Für Karl Marx, der Heine in Paris später sehr nahe stand, zeugte dieses Gedicht von einem Charakterfehler Heines: "Ganz besonders verurteilte er dessen Undankbarkeit für erwiesene Güte und Freundschaft. Zum Beispiel das durch nichts zu rechtfertigende Spottgedicht auf Christiani: 'Diesen liebenswürdigen Jüngling kann man nicht genug verehren' usw." [24]

Christiani wird es nicht so empfunden haben. Das war durchaus ein Ton, in dem beide sich verstanden. An einem Gesellschaftsabend, an dem Christiani wirklich vor den Damen Heine-Gedichte rezitierte, stand er ihm an Witz nicht nach. Im Tagebuch hielt Ludwig von Diepenbrock-Grüter die Szene fest. Das Gespräch kam auf "die mystische Dichtung und die neuen Dichter":

"Heine erklärte den Mysticismus für Folge von Körperschwäche und Krankheit, Christiani für ein Kind der höchsten geistigen Armut. Dieser fügte hinzu, für die Mystiker sei die Welt und ihre Freude nichts anderes, als was für die Mägde eine offene Zuckerdose mit gezählten Zuckerstückchen sei, welche die Hausfrau ihnen hingesetzt, um daran ihre Enthaltsamkeit zu prüfen. - Heine wütete gegen alle sogenannten Frommen [...]. Christiani gab zu, daß, wenn einer sich glücklich dabei fühle, täglich Kartoffeln zu essen, und wähne, durch sie ginge der Weg zum Himmel, man ihm dies Vergnügen lassen, ihm selbst aber vergönnen sollte, zuweilen Braten und Austern zu genießen." [25]

Am 28.6.1825 hatte Heine in Heiligenstadt bei Göttingen die protestantische Taufe empfangen. Es war kein Akt der Bekehrung. Mit einem Aphorismus begründet er den Schritt:

"Der Taufzettel ist das Entréebillet zur europäischen Kultur." [26]

Das Gespräch, bei dem Heine den berühmten Ausspruch geprägt haben wird, soll in Wienebüttel, einem Hof mit Schankgerechtigkeit und einer Kaffeewirtschaft bei Lüneburg (Bilder 58, 59), stattgefunden haben. Dorthin wanderte Heine gern hinaus, um sich mit anderen Gästen über "gelehrte Gegenstände" zu unterhalten. Laura Haage (1838-1928), Schwiegertochter Karl Haages, erzählt ihren Kindern von einer dieser Zusammenkünfte:

"Großvater fragt Heine warum sind Sie denn Christ geworden? 'Es ist die Entrekarte in die große Welt.'" [27]

Es macht einen großen Unterschied, ob Heine in die "große Welt" oder die "europäische Kultur" einzutreten suchte. Und doch hing beides zusammen: Die Anteilhabe an der europäischen Kultur setzte ökonomische Unabhängigkeit voraus. Während des Studiums sicherte ihm der reiche Onkel den Unterhalt. Um fernerhin als akademisch gebildeter Bürger leben zu können, mußte Heine sich taufen lassen. Akademische und staatliche Ämter blieben Christen vorbehalten, die Niederlassung als Rechtsanwalt wurde Juden nur mit Ausnahmegenehmigung gewährt, zum Kaufmann aber fehlte ihm das Talent, und von seinen Schriften konnte sich Heine niemals ernähren. Wie das "Doktor-Werden", das Lichtenberg "eine Konfirmation des Geistes" nannte [28], ließ Heine das Ritual der Taufe an sich vollziehen, um 'Mitglied' der "großen Welt" werden zu dürfen - zugleich ein Akt der Demütigung und der Emanzipation des Juden.

Doch war der Eintritt in die "große Welt" für Heine kein Selbstzweck, sondern soziale Voraussetzung, um an der "europäischen Kultur" Anteil nehmen zu können. In den Errungenschaften der französischen Revolution, der Proklamation der Menschenrechte, der Idee des Weltbürgertums und der Weltliteratur sowie den großen Zeugnissen europäischer Kunst sah Heine etwas von dem verwirklicht und mehr noch möglich, wonach das Judentum sich sehnte: Eine erlöste, befreite, lebenswerte sichtbare Welt. Wie die Taufe, erläutert Leo Löwenthal, kam auch Heines Emigration nach Frankreich "aus jenem unsagbar starken messianischen Trieb, alle Grenzen zu relativieren, alle historischen Inhalte historisch sein zu lassen und immer da zu stehen, wo er die Wahrheit und die Freiheit zu finden glaubte." [29] Seine Zeitgenossen forderte er auf: "Wir wollen hier auf Erden schon/Das Himmelreich errichten." [30]

Die christliche Auffassung, "welche die Erlösung als einen Vorgang im geistigen Bereich und im Unsichtbaren ergreift, der sich in der Seele, in der Welt jedes einzelnen, abspielt, und der eine geheime Verwandlung bewirkt, der nichts Äußeres in der Welt entsprechen muß" [31], teilte Heine sicher nicht. Doch auch aus orthodoxer jüdischer Sicht wirkte nicht erst die Taufe, sondern schon der ungeduldige Versuch, dem Messias vorzugreifen, ketzerisch.

Heines Position bestand in der Kritik an überlieferten Glaubenssätzen. Er rang mit Gott um der Wahrheit willen. Die Gespräche, die Ludwig von Diepenbrock-Grüter 1826 in Lüneburg aufzeichnete, spiegeln diesen Kampf. Am Heiligen Abend etwa erschien Heine bei ihm, "und zwar in höchst unliebenswürdiger Stimmung. Er sprach über den Vorzug der Rachefreuden vor denen der Vergebung, von seiner Anschauungsweise seiner selbst als Objekts. 'Wäre ich so glücklich, jetzt noch eine unglückliche Liebe erschwingen zu können, so wäre ich ein gemachter Mann', sagte er!" [32]

Heines "Messianismus", sein kompromißloses Verlangen nach einem lustvollen Leben im Diesseits, versteigt sich am Heiligen Abend zu einem Plädoyer für leidenschaftlich genossene Rache an Stelle einer "lustfeindlichen", dem Herzen abzuringenden Vergebung, die ihren Lohn in diesem Leben womöglich nicht mehr empfängt. Sinnfälliger konnte Heine den Spalt zwischen seinem ketzerischen, auf die Spitze getriebenen "Messianismus" und der christlichen Religion nicht demonstrieren! Seine Forderung nach Erlösung im Diesseits kippt freilich ins Gegenteil um. Wo die Rache fortwirkt, ist niemand erlöst. Die Welt müßte verwandelt werden, um erlöst zu sein. Genau das aber wäre für Heine keine Erlösung, sondern ein neuer Akt der Gewalt:

"Nach dem Tode seines Vaters war Heine noch einmal zum Besuch bei Christiani - vielleicht 1829 oder 1830 - in Lüneburg. Er redete vornehmlich vom Tode seines Vaters: 'Ja, ja! Da reden sie von einem Wiedersehen in verklärter Lebensgestalt! Was thue ich damit? Ich kenne ihn in seinem alten braunen Überrock, und so will ich ihn wiedersehen. So saß er oben am Tische, Salzfaß und Pfefferdose vor ihm, das eine rechts, das andere links, und wenn wieder die Pfefferdose rechts stand und das Salzfaß links, so stellte er das um. Im braunen Überrock kenne ich ihn, und so will ich ihn wiedersehen'." [33]

Heines Vater soll auch in der kommenden Welt mit sich selbst identisch bleiben. Heine wünscht ihn als das selbe, unverwechselbare Individuum, mit all seinen Eigenschaften wiederzusehen - und denkt sich ihn doch verwandelt. In der Erinnerung "verklärt" sich schon das Bild seines entmündigten, schwerkranken Vaters! Die kommende Welt soll auch für Heine so sein, wie sie nach einer tiefen Einsicht der jüdischen Mystik sein wird. Gershom Scholem formuliert: "Alles wird sein wie hier - nur ein ganz klein wenig anders" [34].

Bestand Heine eben noch auf der Lust der Rache, so macht er sich im nächsten Moment zum demütigsten, selbstlosesten "Objekt", das nichts wünscht, als eine unglückliche, hoffnungslose und darum reine Liebe, um glücklich zu sein. Ohne daß Ludwig von Diepenbrock-Grüter es merkt, hält Heine mit ihm am Heiligen Abend Talmudschule:

Der Talmud erzählt von dem Rabbi Elischa Ben Abuja, daß er für eine ketzerische Frage vom Himmel mit ewiger Verdammnis bestraft wurde. Nach einer anderen Legende wurde er selbst zum Atheisten, als er ein Kind bei der Erfüllung des Gebotes, Vater und Mutter zu ehren, zu Tode kommen sah, obwohl das Gebot ein langes Leben auf Erden verheißt. In einer großartigen Wendung wird dieser Mann, für den es keine Hoffnung auf Lohn für seine guten Taten gibt, von dem berühmten Rabbi Akiba glücklich gepriesen: "Heil dir, Elischa Ben Abuja! Alle Geschöpfe dienen um des Lohnes willen - du kannst aus Liebe dienen." [35] Weil er ohne Hoffnung auf Lohn liebt, wäre er der einzige, der Erlösung wirklich verdient hätte, "ein gemachter Mann". So muß man wohl auch Heines paradoxes Wort verstehen.

In der gemeinsamen Ablehnung des "Alltags-Rationalismus" und der starken, romantischen Sehnsucht nach Geborgenheit und wirklicher Heimat bestand die Anziehungskraft, die Heine zunächst mit einem kleinen Kreis Lüneburger Pietisten verband.

Während seiner Göttinger Studienzeit hatte Heine Karl Johann Philipp Spitta (1801-1859, Bild 62) kennengelernt. Sein Vater stammte aus einer Hugenottenfamilie, seine Mutter war eine getaufte Jüdin. Er selbst macht sich später als Dichter geistlicher Lieder einen Namen. Seine Liedersammlung "Psalter und Harfe" (1833 u. 1843) erreichte innerhalb von 50 Jahren 50 Auflagen. Einige gehören zum heute noch gesungenen Kirchenliedgut.

Am 4.5.1824 trat Spitta eine Hauslehrerstelle beim Lüner Amtmann Philipp Wilhelm Jochmus (1765-1847, Bild 61) an. "In seinem Gartenstübchen saßen Heinrich und ich manche Stunde", erinnert sich Maximilian Heine, "besonders an freien Sonnabendnachmittagen, und hörten mit wahrer Andacht dem Vorlesen seiner Gedichte zu [...]. Seine einfache Sprache hatte einen Wohllaut, der tief ins Herz drang" (Bild 66) [36].

Bevor Spitta in Lüne eintraf, war Heine schon der Gattin des Amtmanns Dorothea Rosine Elisabeth Wilhelmine Henriette, geb. Meyer (Bild 60), begegnet. Sie war etwa dreißig Jahre jünger als ihr Mann, etwa in Heines Alter und in seinen Augen von hinreißender Schönheit:" O die Jochma! die schöne Oase in der Lüneburger Wüste!", schwärmte er, "die Sultanin zu Lüne wie ist sie schön! Nur Dschami könnte dieses beschreiben" [37], "die schöne, göttinngleiche Jochma" [38]. Sie schloß sich bald eng an Spitta an, der in Lüne eine kleine pietistische Gemeinde um sich scharte.

Die Freundschaft zwischen Heine und Spitta konnte nicht lange währen. Heine war niemals bereit, in religiösen Fragen das Gefühl entscheiden zu lassen und mit 'frommem Eifer' sich in der Empfindung zu üben, in der Welt bereits erlöst und daheim zu sein. Spitta sprach dagegen dem, der sich nicht schon gottselig fühlt, die Möglichkeit der Erlösung überhaupt ab:

"Am Ende ist's doch gar nicht schwer,
Ein selger Mensch zu sein;
Man giebt sich ganz dem Herren her,
Und hängt an ihm allein.

Man ist nicht Herr, man ist nicht Knecht,
Man ist ein fröhlich Kind,
Und wird stets selger, wie man recht
Den Herren lieb gewinnt.

Man wirkt in stiller Thätigkeit
Und handelt ungesucht,
Gleich wie ein Baum zu seiner Zeit
Von selbst bringt Blüt' und Frucht.

Man sieht nicht seine Arbeit an
Als Müh', vor der uns bangt;
Der Herr hat stets in uns gethan,
Was er von uns verlangt.

Man fügt sich freudig immer fort
In alles, was er fügt,
Ist alle Zeit, an jedem Ort,
Wo man ihn hat, vergnügt.

So selig ist gläubger Christ,
So reich und sorgenleer,
Und wenn man so nicht selig ist,
So wird man's nimmer mehr." [39]

Wer noch Sorgen hat, wer sich nicht stets vergnügt und selig fühlt - wird niemals mehr selig. Die Frömmigkeit kippt um in Leugnung der Erlösungsverheißung. Aus diesen Versen geht zumindest hervor, daß der Graben zwischen Heine und Spitta nicht tiefer hätte sein können.

Zum Streit kam es auf einem Spaziergang [40], an dem außer Heine und Spitta offenbar auch Haage [41] und Louise Mehlis, Gattin des Amtsassessors in Lüne [42], teilnahmen. Heine habe im Bund mit Haage, so notierte Ludwig von Diepenbrock-Grüter, "auf Griechenweise ein Lamm geopfert: Spitta", und Frau Mehlis habe ihn "nicht warm verteidigt". Endgültig zerbrach die Freundschaft, als Heine sich nicht enthalten konnte, "sogar in Gegenwart von Spittas Zöglingen [...] eine hämische Bemerkung über ein Kruzifix" zu machen [43]. "'Heine,' sagte er deshalb [...], 'willst Du mir einen Gefallen thun?' 'Gewiß, Spitta!' 'Nun so komme nicht wieder!' Heine stürzte fort und drohte: 'Er hat das Völkerrecht verletzt; er soll von mir hören!'" [44]

Heine rächte sich, indem er Spitta im 13. Kapitel der "Ideen - Das Buch Le Grand" dem 'steinigenden' Gelächter des Publikums preisgab. Auch das 15. Kapitel war "in Lüneburg sehr wohl als Anspielung auf die religiösen Auseinandersetzungen und die dort herrschende geistige Haltung zu interpretieren." [45]

Heine schreibt:

Die Narren, die zugestehen, daß sie nicht viel Vernunft abbekommen hätten, können indessen "nicht umhin zu versichern, die Vernunft sei sehr sauer und im Grunde von geringem Werte. Dies mag vielleicht wahr sein, aber unglücklichermaßen haben sie nicht mal so viel Vernunft, als dazu gehört, es zu beweisen. Sie greifen daher zu allerlei Aushülfe, sie entdecken neue Kräfte in sich, erklären, daß solche eben so wirksam seien wie die Vernunft, ja in gewissen Notfällen noch wirksamer, z.B. das Gemüt, der Glauben, die Inspiration usw., und mit diesem Vernunftsurrogat, mit dieser Runkelrübenvernunft, trösten sie sich. Mich Armen hassen sie aber ganz besonders, indem sie behaupten: ich sei von Haus aus einer der Ihrigen, ich sei ein Abtrünniger, ein Überläufer, der die heiligsten Bande zerrissen, ich sei jetzt sogar ein Spion, der heimlich auskundschafte, was sie, die Narren, zusammen treiben, um sie nachher dem Gelächter seiner neuen Genossen Preis zu geben; und ich sei so dumm, nicht mal einzusehen, daß diese zu gleicher Zeit über mich selbst lachen und mich nimmermehr für ihres Gleichen halten - Und da haben die Narren vollkommen Recht. [...] Sie würden mich, wenn ich umkehren wollte, noch immer mit offenen Armen empfangen. [...] Aber ich hab nun mal diese unglückliche Passion für die Vernunft! Ich liebe sie, obgleich sie mich nicht mit Gegenliebe beglückt. Ich gebe ihr alles, und sie gewährt mir nichts. Ich kann nicht von ihr lassen." [46]

Mit diesem Bruch endet Heines letzter größerer Aufenthalt in Lüneburg, das für ein Deutschland steht, wie es Heine sich als Heimat ersehnte, und das ihm Heimat nicht gewährte. Wie den Vater wollte der Exilierte das Land in alter Gestalt - "nur ein ganz klein wenig anders", wollte er es erlöst und befreit wiedersehen:

"Denkt Euch, mit Schmerzen sehne ich mich
Nach Torfgeruch, nach den lieben
Heidschnucken der Lüneburger Heid,
Nach Sauerkraut und Rüben.

Ich sehne mich nach Tabaksqualm,
Höfräten und Nachtwächtern,
Nach Plattdeutsch, Schwarzbrot, Grobheit sogar
Nach blonden Predigerstöchtern." [47]

II.

Bildteil D

37   Karl Friedrich Heinrich Albert Haage (1801-1842), Lichtdruck nach der
Zeichnung eines unbekannten Künstlers, um 1830.

"Grüße mir alle Bekannte. Entschuldige mich nochmals bey Hagen daß ich Ihn vor meiner
Abreise nicht gesehn." (Heine an Christiani, 6.12.1825)

38   Notiz von Laura Haage, geb. Lorenzen (1838-1928).

"Heine hatte viel Kopfweh. Ging in 1 Gesellschaft die sich Sonnabend u. Mittwochs in
Kaffeehaus traf, über gelehrte Gegenstände disputiert wurde, seine Meinung u. Ideen wurden viel
bekämpft; Dr. Christiani (hatte keine Kinder) Großvater Haage, Obersindicus Küster (blind aber
sehr gelehrt) Obergerichtsrath Langrehr) Großvater fragt Heine warum sind Sie denn Christ
geworden? 'Es ist die Entrekarte in die große Welt.' Mit Heine Schwester hat Großmutter viel
Duette gesungen. Spitta, Hauslehrer bei Jochmus, erzürnt sich wegen religiöser Ansichten auf
1 Spaziergang mit ihm."

39 Auguste Haage, geb. Görges (1808 - etwa 1898), Fotografie von Rathje.
Die Duett-Partnerin Charlotte Embdens, geb. Heine.

40 Charlotte Embden, geb. Heine (etwa 1803 - 1899).

"Ich liebe Dich unaussprechlich und schmachte danach, Dich mahl wiederzusehen; giebt es doch niemand auf der Welt, in dessen Gesellschaft es mir wohler zu Muth wäre, als in der meiner Schwester." (Heine, 12.10.1823)

41 Rudolf Christiani (1798-1858), Ölbildnis von Nikolaus Peters, um 1830.

"Ich werde hier sehr honorirt. Besonders bin ich oft in Gesellschaft bey dem Superintendent Christiani; der Dr Christiani hat mich in ganz Lüneburg berühmt gemacht und meine Verse rouliren." (Heine, 6.11.1823)

42 Brief an Charlotte Embden, geb. Heine, Lüneburg, 6.11.1823.

"Bildung ist hier gar keine; ich glaube auf dem Rathhause steht ein Culturableiter. Aber die Menschen sind nicht schlimm. - An Dich denke ich sehr oft, Du gutes, liebes durchsichtiges Kind! Wie oft sehne ich mich danach Deine kleinen Allabastpfötchen zu küssen! Hab mich nur lieb, so stark Du kannst . - [...] Sage mir wie befindest Du Dich in kalbender Hinsicht? Grüße mir Moriz recht herzlich, so wie alle Embden. [...] Lebe wohl', kleine, süße Christallpuppe. Mache mir ein paar wollne Pantoffel. Dein Dich liebender Bruder H. Heine."

43 Bei der St.-Johanniskirche, Pastorenhäuser, um 1870.

Im mittleren Haus wohnte Rudolf Christiani bei seinen Eltern.

44 Seite aus: Heinrich Heine, Säkularausgabe, Band 20 K, Berlin u. Paris 1976.

Heine zeichnet "Szenen" aus dem Göttinger Studentenleben auf die Rückseite eines Albumblatts für Rudolf Christiani:

> "Lieben und Hassen, Hassen und Lieben,
>
> 'S ist Alles über mich hingegangen;
>
> Doch blieb von Allem nichts an mir hangen,
>
> Ich bin der Allerselbe geblieben.
>
> (H. Heine)

102. *An Rudolf Christiani in Lüneburg [Albumblatt]* (*28. März 1824*)

ÜBERLIEFERUNG

H   *Bibliothèque Nationale, Paris (Auf der Rückseite: Zeichnungen Heines*
                    mit Bezügen auf das Göttinger Studentenleben).
D   *Heines Werke. Hrsg. von E. Elster. 2., kritisch durchgesehene und er-*
                    läuterte Ausgabe. Bd. 1. Leipzig 1925, S. 476.

ERLÄUTERUNGEN

Heines Zeichnungen auf der Rückseite von H:

15 4,4 ff.   **Lieben und Hassen** ... — *Erstdruck des Gedichts in: Agrippina.*
                Nr. 89, 23. 7. 1824, S. 353.

103. *An Charlotte Embden in Hamburg* (*30. März 1824*)

ÜBERLIEFERUNG

H   *Verschollen. Ehem. Slg. Gottschalk, Berlin.*
D¹   *Embden, S. 23—28.*
D²   *Hirth BW I, S. 304—306.*

Und als den Allerselben und unverändert werden Sie ihn finden, wenn Sie wieder zusammen-
treffen mit diesem Menschen, der Harry Heine heißt, und schlicht und umgänglich wie ein Kind
ist, und nur dann und wann höchst ernsthaft wird, und immer über die Narren in der Welt lacht,
und täglich eine Bouteille Champagner trinken möchte auf das Wohlseyn seiner Feinde. -

Göttingen d 28ten   H. Heine.
Merz 1824."

"Im Norden von Deutschland bauen die Leute Kartoffeln und freuen sich der schönen Witterung; nach andern Dingen sind sie nicht lüstern. Dr Christiani hält Reden pro Patria, daß es Art und Schick hat." (Campe an Heine, 17.6.1832) "Daß Christiani sich sehr wacker hält und gegen die BundestagsBeschlüße, in einer höchst merkwürdigen Rede so ins Zeug ging, daß sie weder in der neuen Hannöverschen Zeitung noch hier das Imprimatur heute erhielt, wißen Sie nicht [...]. Er ist ein braver Kerl und macht sich einen geachteten Namen in Deutschland." (Campe an Heine, 27.7.1832)

Theurer Freund, du bist verloren!
Fürsten haben lange Arme,
Pfaffen haben lange Zungen,
Und das Volk hat lange Ohren!

IV.

An einen ehemaligen Goetheaner.

(1832.)

Hast du wirklich dich erhoben
Aus dem müßig kalten Dunstkreis,
Womit einst der kluge Kunstgreis
Dich von Weimar aus umwoben?

Gnügt dir nicht mehr die Bekanntschaft
Seiner Clärchen, seiner Gretchen?
Fliehst du herlos keusche Mädchen
Und Otiliens Wahlverwandtschaft?

Nur Germanien willst du dienen,
Und mit Mignon ist's vorbei heut,
Und du strebst nach größrer Freiheit
Als du fandest bei Philinen?

Für des Volkes Oberhoheit
Lüneburgerthümlich kämpfst du,
Und mit kühnen Worten dämpfst du
Der Despoten Bundesroheit!

In der Fern' hör ich mit Freude,
Wie man voll von deinem Lob' ist,
Und wie du der Mirabeau bist
Von der lüneburger Heide!

---

46   H. Heine: An einen ehemaligen Goetheaner, (1832).

"Für des Volkes Oberhoheit
Lüneburgerthümlich kämpfst du,
Und mit kühnen Worten dämpfst du
Der Despoten Bundesroheit!

In der Fern' hör ich mit Freude,
Wie man voll von deinem Lob' ist,
Und wie du der Mirabeau bist
Von der lüneburger Heide!"

*47   Johann Friedrich Wagner (1754-1834), Ölbildnis von Nikolaus Peters,
um 1830.*

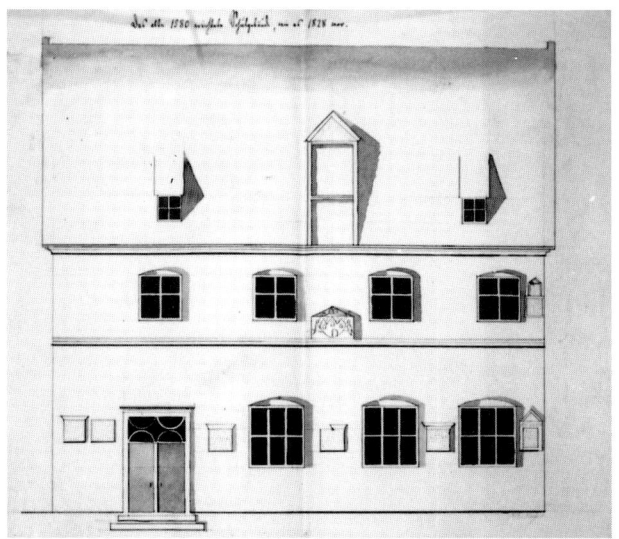

*48   Das 1580 errichtete Schulgebäude des Johanneums, Zeichnung eines
Unbekannten, 1828.*

"Es war alt und häßlich geworden, die Mauern zwar noch fest und unerschütterlich, aber im
Innern eng und dumpf. Die alten Mauern schienen jeden Aufschwung zu unterdrücken und die
Erbärmlichkeit des Innern zu rechtfertigen." (Haage, 5.10.1828)

124

49 Seite aus: *Johannei Luneb. Album 1, Schülerverzeichnis 1823*.

Maximilian Heine besuchte das Johanneum von Ostern 1823 - Ostern 1825 als Schüler in Prima. Sein Abgangszeugnis lautet:

"Daß Maximilian Heine sich stets durch einen unermüdlichen Fleiß, den sehr herrliche Anlagen unterstützten, sowie durch ein äußerst sittliches und stilles Betragen auf das Vortheilhafteste ausgezeichnet hat - bescheinigt hierdurch mit eben so vielem Vergnügen als Wahrheit.

Lüneburg, den 30sten März 1825   Johann Joachim Langer, Rektor

a.d. Johan. Schule" (Kruse)

50 Mietvertrag zwischen der Klubgesellschaft und dem Konditor Karl
Kaulitz, 1820, Seite 1.

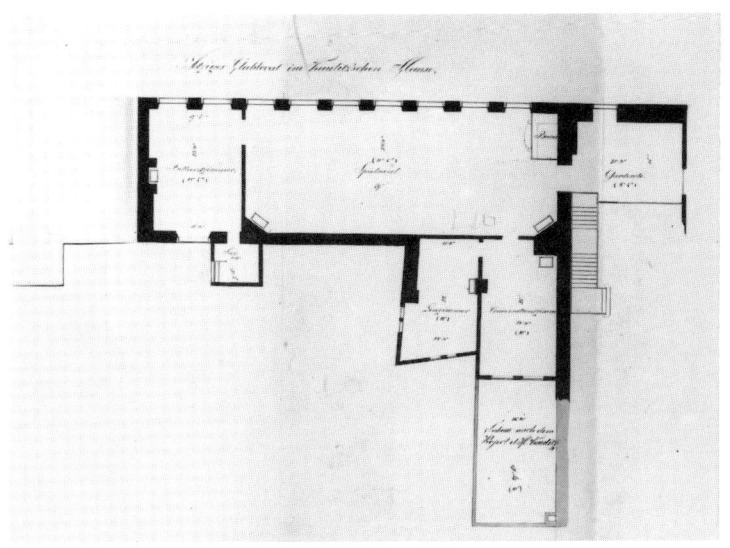

51   Klublokal im Kaulitzschen Hause, 1831.

52   Die ehemaligen Kaulitzschen Gesellschaftshäuser, 1987.

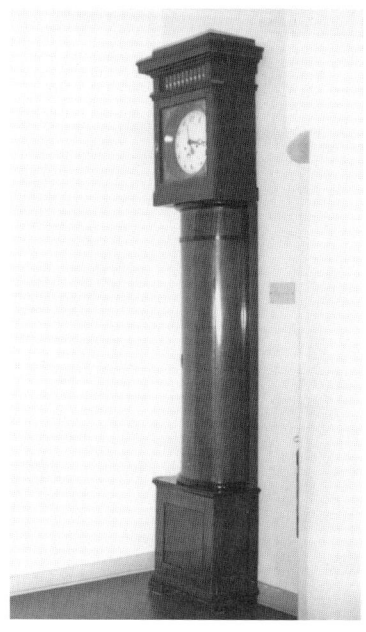

53 Standuhr im Klublokal.

Die "Räumlichkeiten sind vom Vermiether zum Behagen der Gesellschaft mit guten und anpassenden Meublen zu versehen". (Auszug aus dem Mietvertrag)

54 Ballotiermaschine im Klublokal.

Man bediente sich des Geräts bei geheimen Abstimmungen mit weißen oder schwarzen Kugeln. Heute wirkt es wie ein Symbol für den steifen Ton, der einst in der Clubgesellschaft herrschte.

55 *"Actum im Club", Gästebuch des "Klubs von 1785", Auszug.*
"1823, 10. Octr., Stud. Heine von Christiani R."

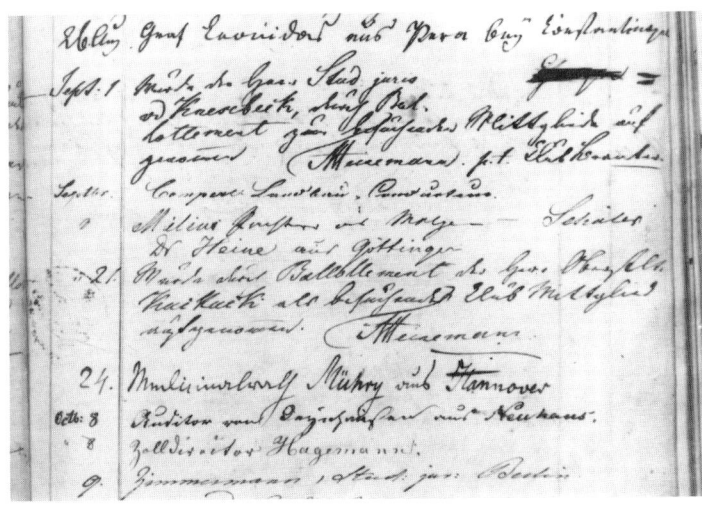

56 *"Actum im Club", Auszug.*
1825, Septbr., "Dr Heine aus Göttingen" (Autograph Heines)

57 *"Actum im Club", Auszug.*

1826, "Oct., 1., H. Heine. Dr. Jur." (Autograph Heines)

58   Gut Wienebüttel, zwei alte Scheunen, 1987.

Seit Generationen bewirtschaftete eine Familie Mohrmann als Pächter des Michaelisklosters den Meierhof zu Wienebüttel, dem 1796 ein Lehnshof mit "freiem Bierkruge" einverleibt worden war. Zu Heines Zeit befand sich dort eine Kaffeewirtschaft, die von einem kleinen Kreis gebildeter Lüneburger gern besucht wurde. "Heine war von Wienebüttel angetan und ist selbst häufig hinausgewandert." (Kruse)

59   Gut Wienebüttel, Kulturforum, 1987.

Mit der Instandsetzung eines Gebäudes und einer Scheune für kulturelle Zwecke versucht der Verein "Kulturforum Lüneburg e.V." gegenwärtig die Tradition des Wienebütteler Treffpunkts wieder aufzunehmen.

60   Dorothea Rosine Elisabeth Wilhelmine Henriette Jochmus, geb. Meyer,
Ölbildnis von Nikolaus Peters, um 1845.

"O die Jochma! die schöne Oase in der Lüneburger Wüste!", schwärmte Heine, "die Sultanin zu Lüne wie ist sie schön!" (26.1.1824) Er hob sie in den Himmel, "die schöne, göttinngleiche Jochma" (6.12.1825), und bedauerte ihre Frömmigkeit: "Heine bat, ihr zu sagen, der Mysticismus schade der Schönheit." (v. Diepenbrock-Grüter, 19.11.1826) Nach seinem öffentlichen Angriff auf Philipp Spitta vermied Heine auch ihr zu begegnen. Im Februar 1829 ließ er Frau Jochmus durch Christiani noch einmal Grüße ausrichten, "wenn er es nach dem zweiten Teil seiner Reisebilder noch wagen dürfe. Er hätte sich wieder, schreibt sie in einem ungedruckten Briefe an Spitta, nach seiner eigentümlichen Weise benommen, Thränen im Auge und einen Fluch auf den Lippen." (Zechlin)

*61 Philipp Wilhelm Jochmus (1765-1847), Ölbildnis von Nikolaus Peters,
um 1845.*

Carl Johann Philipp Spitta (1801-1859), Lithographie, 1884.

"Grüßen Sie mir Spitta, wenn er noch in Lüne ist. Es ist ein Mensch worin Poesie ist und ich achte ihn. Nur ist jetzt die Frage: was wird aus ihm werden? Jedoch, ich bin der Meinung es steckt etwas mehr in ihm als ein auf der grünen Jünglingspfeife gemüthlich hingepipstes Frühlingsliedchen." (Heine an Christiani, 26.5.1825)

"Freuet euch der schönen Erde,
Denn sie ist wohl wert der Freud'.
O was hat für Herrlichkeiten
Unser Gott da ausgestreut!

Und doch ist sie seiner Füße
Reich geschmückter Schemel nur,
Ist nur eine schön begabte,
Wunderreiche Kreatur.

Freuet euch an Mond und Sonne
Und den Sternen allzumal,
Wie sie wandeln, wie sie leuchten,
Über unserm Erdenthal.

Und doch sind sie nur Geschöpfe
Von des höchsten Gottes Hand,
Hingesät auf seines Thrones
Weites glänzendes Gewand.

Wenn am Schemel seiner Füße
Und am Thron schon solcher Schein
O was muß an seinem Herzen
Erst für Glanz und Wonne sein!"
(Spitta, 1827 in Lüne)

Carl Johann Philipp Spitta.

63   Amtshaus in Lüne, Gouache von F. Soltau, um 1847.

Wohnhaus der Familie Jochmus und ihres Hauslehrers Philipp Spitta.

64   Büro des Oberamtmanns Ph. W. Jochmus, Gouache von F. Soltau, 1847.

Das Büro lag im Erdgeschoß des Amtshauses, vom Eingang links.

65 Salon der Jochma, Gouache von F. Soltau 1847.

Der Salon befand sich im Erdgeschoß, vom Eingang rechts.

66   Spittas Gartenzimmer, Gouache von F. Soltau, 1847.

"Über meinem Schreibpulte hängt ein schwarzes eisernes Krucifix mit Immortellen, oder im Sommer mit anderen Blumen geschmückt, darunter ein kleines Ölgemälde aus der Verlassenschaft meines Freundes A. Haccius, Luther und Katharina von Bora vorstellend. Unter dem Spiegel hängt ein Marinebild, zu den Seiten die Schattenrisse meiner beiden Freunde Haccius und Peters. In der Ecke steht die Harfe, die ich abends zu einem Choralgesange anschlage, und an der Wand das Bücherbrett, vor mir aber auf meinem Schreibpulte die Bibel und Luthers unverwelkliche Blätter. Das ist ein Stübchen, auf dem sichs still und friedlich wohnen läßt."
(Spitta) Nach Spittas Fortgang aus Lüne war der Raum neu möbliert worden.

67 u. 68   Vier Seiten aus einem Heft im Besitz der Jochma.

Das Heft mit Eintragungen von mehreren Händen enthält zwei Gedichte Heines: "Ahnung" und "Der Herbstwind rüttelt die Bäume". Beide waren bereits 1822 publiziert worden. Auf Heines "Ahnung" folgt ein "Trost im Sturm" betiteltes Gedicht von der selben Hand, datiert auf "den 29sten Oct. 23." Die Eintragungen stammen vermutlich von Spitta, der das Heft der Jochma später überlassen haben wird.

69 *Der Platz des ehemaligen Lüner Amtshauses, 1987.*

H. Heine's
Leben und Werke.

Von

Adolf Strodtmann.

Zweite, verbesserte Auflage.

Erster Band.

Berlin.

Verlag von Franz Duncker.

1873.

70   "H. Heine's Leben und Werke. Von Adolf Strodtmann", 1. Bd., 2.
     Aufl.,   Berlin   1873.

Erste ausführliche Biographie Heinrich Heines.

71 u. 72 *"Heine. 1856. Album. / Album für G. Heine", zwei*
Scherenschnitte.

Empfänger des Albums war Georg Heinrich Heine (geb. 1842 oder 1843), Sohn von Heines
Vetter Eduard Heine (1809-1897). Das Büchlein enthält neun Scherenschnitte, darunter
Silhouetten zu Heines Lieblingsgestalten "Napoleon" und "Don Quixote". Wer sie angefertigt
hat, ließ sich bisher nicht ermitteln.

142

Anmerkungen zu den Texten

A. Das Haus

Der Beitrag "Bilderschrift am Heine-Haus" erschien ohne Quellennachweis zuerst in: Landeszeitung für die Lüneburger Heide, Nr. 300, 1986, 27./28.12.1986, Magazin, S. I f

1 Vgl. Klaus Alpers, Die lateinischen Inschriftentafeln der Garlopenhäuser, Historischer und kulturgeschichtlicher Hintergrund, in: Lüneburger Blätter, Heft 21/22, Lüneburg 1970/71, S. 51

2 Namen und Lebensdaten werden zitiert nach: Johann Heinrich Büttner, M.G. Genealogiae oder Stamm- und Geschlechts-Register der vornehmsten Lüneburgschen Adelichen Patricien-Geschlechter [...], Lüneburg 1704. Sie werden ergänzt und verbessert nach: Hans-Jürgen von Witzendorff, Stammtafeln Lüneburger Patriziergeschlechter [...], Göttingen 1952. Zur Frage nach der Standeserhebung der Familie Witzendorff vgl.: Klaus Alpers, a.a.O., S. 69 (adelig seit 6.9.1639). Von der korrekten Schreibweise der Namen wird aus Gründen der Einheitlichkeit, da die Rechtmäßigkeit der Adelsprädikate in der Genealogie Büttners hier nicht geprüft werden kann, abgewichen. Bis zum Ende des 18. Jahrhunderts wechselt die Orthograhie der Eigennamen. Sie werden daher generell nach der Schreibweise Büttners zitiert. Der latinisierten Form der Vornamen wird jedoch gelegentlich die deutsche vorgezogen.

3 Vgl. Stadtarchiv Lüneburg [StALg], AB 191, Blatt 148. Ferner: Kämmereirechnungen der Stadt Hamburg 1401-1562, Wort- und Sachverzeichnis, Bearbeitet von Gustav Bolland, Hamburg 1951, S. 147: "stertrende, -munde (lies stertwende, -vinde): Formsteine, bei Gewölbebogen, Tür- u. Fenstereinfassungen, deren eine Ecke wulstartig ausgebildet u. außerdem in schräger Richtung gefurcht ist".

4 Vgl. StALg, AB 191, Blatt 159

5 Vgl. Arbeitsgruppe Altstadt [...], H. Nutzhorn, M. Schumacher [...], Braunschweig: Am Ochsenmarkt 1, Bauhistorische Untersuchung, Im Auftrag der Stadt Lüneburg 1986, S. 81

6 ebd., S. 85

7 ebd., S. 17 u. 19

8 Vgl. Schoßliste von 1741 (StALg, AB 73 Nr. 193), die die Angaben im Hypothekenbuch von 1713 ff (StALg, AB 1313) ergänzt und korrigiert: 1741 wurde das Nebenhaus am Markt von Johann Hinrich Uhlenbruchs Erben, den damaligen Besitzern beider Gebäude, für 1500 Reichstaler (= 3000 Mark) an Dr. Commissarius Achatius Küchenthal aufgelassen.

9 Vgl. die Schoßlisten von 1775 (StALg, AB 73 Nr. 228) und 1776 (StALg, AB 73 Nr. 229)

10   Seit der Neuordnung der Schoßlisten 1682 (Vgl. StALg, AB 73 Nr. 134) werden fünf "Hinterbuden" als zum Komplex des "Heine-Hauses" gehörig verzeichnet. Zwei weitere (partis fori No. 61b und 61c) werden 1781 als im selben Jahr neu erbaut aufgeführt (Vgl. StALg, AB 73 Nr. 234).

11   Vgl. Hans-Günther Griep, Kleine Kunstgeschichte des deutschen Bürgerhauses, Darmstadt 1985, S. 87

12   Vgl. J. Matthaei, Das Lüneburger Bürgerhaus, Organismus und Gestalt, in: Aus Lüneburgs tausendjähriger Vergangenheit, Festschrift [...], Lüneburg 1956, S. 98. Ferner: Klaus Alpers, a.a.O., S. 53

13   Ein Exemplar des Stiches befindet sich im Patriziersaal des Museums für das Fürstentum Lüneburg in Lüneburg. Zur Lage der Witzendorffschen Häuser am Markt neben dem Eckhaus zur Bardowickerstraße vgl. StALg, AB 1313, Fol. 5. Als Doppelhaus wird es u.a. in den Schoßlisten von 1650 (StALg, AB 73 Nr. 102) und 1695 (StALg, AB 73 Nr. 147) verzeichnet.

14   Vgl. Klaus Alpers, a.a.O., S. 75. Vgl. StALg, AB 184, Fol. 128: "Herr Frantz Witzendorffs Hinterhuß uf der bardewickerstratten". Vgl. auch die Schoßlisten von 1625 (StALg, AB 73 Nr. 77), 1687 (StALg, AB 73 Nr. 139) u.a..

15   Vgl. Kurt Pilz, Manfred F. Fischer: Erker, in: Reallexikon zur deutschen Kunstgeschichte, Begonnen von Otto Schmitt, Bd. V, Stuttgart 1967, Sp. 1270. Vgl. auch: Hans-Günther Griep, a.a.O., S. 202f: "Entsprechend den Wohngewohnheiten lagen diese Erker in Süd- und Mitteldeutschland im Obergeschoß und reichten manchmal mit einem Turmdach als Abschluß über mehrere Geschosse. In Norddeutschland, wo das Erdgeschoß die bevorzugte Wohnebene war, entwickelten sich so die Ausluchten, deren Name noch daran erinnert, daß man von deren Sitzen aus gut heraussehen konnte (Utlucht)." Vielleicht besaßen die Erker der Witzendorffschen Häuser am Markt keine Fenster, sondern mit Figuren bestückte Nischen. Darauf deutet die Anordnung der Öffnungen auch zwischen den Geschossen auf der Ansicht von 1611 hin.

16   Vgl. Liselotte Stauch, Delphin, in: Reallexikon zur deutschen Kunstgeschichte. Begonnen von Otto Schmitt, Bd. III. Stuttgart 1954, Sp. 1233f

17   Vgl. Naturforschung, in: Wörterbuch der Antike [...], verfaßt von Hans Lamer, Leipzig 1933. S. 438f: "Dieses Buch hat bis vor 100 Jahren die Anschauungen beherrscht. Um 1830 gab es auch in den höheren Schulen keinen naturwissenschaftlichen Unterricht, sondern man las im Lateinunt. Plinius. Dessen 1840 - 1853 erschienene Übersetzung von Külb ist durchaus noch für Leser bestimmt, die sich naturwissenschaftlich bilden wollen".

18   Vgl. Caii Plinii Secundi, Historiae naturalis Libri XXXVII, Quos interpretatione et notis illustravit Joannes Harduinus S.J., Paris 1723, 1. Bd., lib. IX, cap. VIII, S. 501ff. Vorhanden in der Ratsbücherei Lüneburg (Spr. 65/1).

19   ebd., lib. VIII, cap. XXXV, S. 452f

20 Johann Wolfgang von Goethe, Werke, Kommentare und Register, Hamburger Ausgabe in 14 Bänden, Bd. 3, 4. Aufl., Hamburg 1959, S. 251f. Vgl. Liselotte Stauch, a.a.O., Sp. 1235

21 Vgl. Liselotte Stauch, a.a.O., Sp. 1235

22 Vgl. Gerd Heinz-Mohr, Lexikon der Symbole, Bilder und Zeichen der christlichen Kunst, 2. Aufl. 1972, Düsseldorf u. Köln, S. 218f

23 Vgl.: Hippokampen, in: Lexikon der Kunst in fünf Bänden, hrsg. v. Ludger Alscher u.a., Bd. II, Berlin 1983, S. 290

24 Lunaeburga Saxoniae, Lüneburg im Sachsenland, Nach dem lateinischen Urtext von Lucas Lossius ins Deutsche übertragen von Hans Dumrese, Lüneburg 1956, S. 22f

25 Vgl. ebd., S. 88

26 Vgl. Georg Matthaei, Führer durch die St. Nicolaikirche zu Lüneburg, S. 11f. Das Heft enthält einen kurzen Bericht über die Auffindung der Statuen "Am Holzberge" in Lüneburg 1877.

27 Nach Johann Heinrich Büttner, Genealogie, a.a.O.

28 Vgl. die Schoßlisten von 1564 (StALg, AB 73 Nr. 29) und 1566 (StALg, AB 73 Nr. 30). Doch wird die Angabe des Immobilienwerts in den Schoßlisten erst 1566 allgemein eingeführt.

29 Vgl. Hans-Jürgen von Witzendorff, Stammtafeln, a.a.O., S. 51

30 Ihr Name wird schon vor Errichtung des "Heine-Hauses" in den Schoßlisten geführt. Vgl. StALg, AB 73 Nr. 28 (1561) und Nr. 35 (1571)

31 Vgl. Klaus Alpers, a.a.O., S. 70

32 ebd., S. 79

33 ebd., S. 78f

34 ebd., S. 73ff

35 Soweit Quellen im folgenden nicht einzeln nachgewiesen werden, verweise ich auf meinen Aufsatz: "Chronik des 'Heinrich-Heine-Hauses' in Lüneburg, 1550 - 1830", im Typoskript niedergelegt im Stadtarchiv Lüneburg, Sign. NMa 132

36 Vgl. Arbeitsgruppe Altstadt, a.a.O., S. 83

37   Vgl. Bernd Schedlitz, Leffmann Behrens, Untersuchungen zum Hofjudentum im Zeitalter des Absolutismus, Hildesheim 1984, S. 170f u. "Stammtafel der Familie Behrens/Cohen"

38   StALg, G 5 Nr. 14

39   H. Heine's Leben und Werke. Von Adolf Strodtmann, Zweite, verbesserte Auflage. Erster Band. Berlin 1873, S. 337

40   Überliefert durch Herrn Otto Schulze, ehemaliger Mieter

41   Joseph A. Kruse, Ein geistliches Jahr, Heinrich Heines Aufenthalte in Lüneburg, in: Lüneburger Blätter, Heft 21/22, Lüneburg 1970/71, S. 32

42   Vgl. Heinrich Heine in Lüneburg. Von Carl Cassau, in: Nordwest 8, Bremen 1885, Nr. 34, S. 279

43   Vgl. Ulrich Wendlandt, Geschichte des Heine-Hauses in Lüneburg, zwei Seiten Typoskript, 1956 (StALg, 3102/1b)

44   Vgl. Arthur Zechlin, Heinrich Heines Beziehungen zu Lüneburg, in: Zeitschrift für den deutschen Unterricht, Jg. 16, Heft 9, 1902, S. 540

45   Vgl. Ulrich Wendlandt, a.a.O.

46   Vgl. Ulrich Wendlandt, a.a.O.

47   Joseph A. Kruse, a.a.O., S. 32; vgl. auch S. 23

48   Mitgeteilt von Herrn Otto Schulze

49   Mitgeteilt von Herrn Otto Schulze

50   Vgl. Heinrich Borstelmanns Angaben über das Haus "Am Ochsenmarkt 1" (zwei Seiten Typoskript) im Lüneburger Straßenverzeichnis (StALg, AH V Nr. 3)

51   Mitgeteilt von Herrn Otto Schulze

52   Rolf-Jürgen Grote, Peter Königfeld, Das Heinrich-Heine-Haus in Lüneburg, in: Berichte zur Denkmalpflege in Niedersachsen, Jg. 7, Heft 1, 1987, S. 24

B. Die Akte "Samson Heine"

Der Beitrag "' … widrigen Falls … die hiesigen Lande sofort wieder zu verlassen'" erschien zuerst in: Heine-Jahrbuch, Jg. 26, 1987, S. 116-134. Man findet den bürokratischen Vorgang dort in vollem Umfang ediert. Der vorliegende Katalog enthält eine Überarbeitung dieses Aufsatzes, verzichtet jedoch auf vollständige Wiedergabe der Dokumente.

1   Stadtarchiv Lüneburg [StALg], P 1 b Nr. 11, Schreiben von Heinrich Peters aus Lübeck an die Königl. Provinzial-Regierung zu Hannover, 23.5.1818

2   StALg, P 1 b Nr. 11, Resolution der Königl. Provinzial-Regierung zu Hannover für Joseph Müller in Lüneburg, 22.5.1821

3   StALg, D 1 Nr. 1, Pro Memoria von Bürgermeister und Rat der Stadt an die Direktion der Saline in Lüneburg, 3.12.1822

4   Ebenda

5   StALg, P 1 b Nr. 11, Schreiben der Ehefrau des Apothekers Kraut aus Lauenburg an den Senat der Stadt Lüneburg (cónc. Th. Meyer), 3.6.1822

6   StALg, P 1 b Nr. 11, Reskript der Königl. Provinzial-Regierung zu Hannover an den Magistrat der Stadt Lüneburg, betr. Charlotte Misselhorn aus Gifhorn, 4.1.1822

7   StALg, D 1 Nr. 14, Protokoll der Vernehmung Benjamin Meyers durch Polizei-Inspektor Limberg, Lüneburg 30.9.1828

8   StALg, D 1 Nr. 14, Pro Memoria des Polizei-Inspektors Limberg an Polizei-Direktor Dr. Degen in Lüneburg, 4.7.1828

9   StALg, D 1 Nr. 14, Pro Memoria des Polizei-Inspektors Limberg an Polizei-Direktor Dr. Degen in Lüneburg, 11.5.1825

10   StALg, D 1 Nr. 14, Bericht des Magistrats der Stadt an die Königliche Landdrostei in Lüneburg, 31.7.1828

11   StALg, D 1 Nr. 14, Protokoll der Vernehmung Benjamin Meyers durch Polizei-Inspektor Limberg, Lüneburg 8.10.1828

12   StALg, D 1 Nr. 14, Bericht des Magistrats der Stadt an die Königliche Landdrostei in Lüneburg, 13.10.1835

13   StALg, J 1 Nr. 5, Reskript der Königl. Großbritannischen, Kurfürstlich Braunschweigisch-Lüneburgischen Regierung an Bürgermeister und Rat der Stadt Lüneburg, betr. Meyer Mendel del Banco, 20.10.1786

14   StALg, J 1 Nr. 5, Gutachten des Stadtsyndikus Sievers an den Senat der Stadt Lüneburg, betr. Levi Heinemann, 3.1.1822

15   StALg, J 1 Nr. 5, Schreiben Levi Heinemanns an die Königl. Provinzial-Regierung zu Hannover (conc. Dr. jur. Lindemann), 7.3.1822

16   Joseph A. Kruse, Heines Hamburger Zeit, Hamburg 1972, S. 16; Die Lüneburger Zeit Heinrich Heines wird vom selben Autor ausführlich beschrieben in dem Aufsatz: Ein geistliches Jahr, Heinrich Heines Aufenthalte in Lüneburg, in: Lüneburger Blätter, Heft 21/22, Lüneburg 1970/71, S. 21-47

17   Carl Cassau, Heinrich Heine in Lüneburg, in: Nordwest 8, Bremen 1885, Nr. 33, S. 262-264, Nr. 34, S. 278-280, hier: Nr. 33, S. 262

18   H. Heine's Leben und Werke. Von Adolf Strodtmann. Zweite, verbesserte Auflage. Erster Band. Berlin. 1873, S. 695

19   Joseph A. Kruse, Heines Hamburger Zeit, a.a.O., S. 19

20   Ebenda, S. 21

21   Ebenda

22   H. Heine's Leben und Werke. Von Adolf Strodtmann, a.a.O., S. 337

23   Vgl. die Auflassung in: StALg, Rep. 111 Nr. 573

24   Vgl. die Auflassung in: StALg, Rep. 111 Nr. 1097 Vol. II

25   Vgl. die Auflassungen in: StALg, Rep. 111 Nr. 1153, Rep. 111 Nr. 1097 Vol. II und Rep. 111 Nr. 573

26   Carl Cassau, Heinrich Heine in Lüneburg, a.a.O., S. 262

27   Ebenda, S. 262, und: Heinrich Heines Beziehungen zu Lüneburg. Von Direktor Dr. [Arthur] Zechlin in Lüneburg, in: Zeitschrift für den deutschen Unterricht, Jg. 16, H. 9, 1902, S. 541

28   StALg, J 1 Nr. 1 Vol. II

29   Ebenda

30   Vgl. Carl Cassau, Heinrich Heine in Lüneburg, a.a.O., S. 262, und: Heinrich Heines Beziehungen zu Lüneburg. Von Direktor Dr. Zechlin in Lüneburg, a.a.O., S. 541

31   Das Stadtarchiv Lüneburg führt die Akte unter der Signatur: P 1 b Nr. 11.

32   StALg, P 7 Nr. 120 enthält alle im folgenden erwähnten Ratsprotokolle.

C. "Heimkehr"

1   Vgl. Joseph A. Kruse, Ein geistliches Jahr, Heinrich Heines Aufenthalte in Lüneburg, in: Lüneburger Blätter, Heft 21/22, 1970/71, S. 24

2   Heinrich Heine, Säkularausgabe, Werke, Briefwechsel, Lebenszeugnisse, Herausgegeben von den Nationalen Forschungs- und Gedenkstätten der klassischen deutschen Literatur in Weimar und dem Centre National de la Recherche Scientifique in Paris [HSA], Bd. 20, Briefe 1815-1831, Berlin u. Paris 1970, S. 96

3   Heinrich Heine, Sämtliche Schriften in zwölf Bänden, Herausgegeben von Klaus Briegleb [HSS], Bd. 1, Frankfurt/M. u.a. 1981, S. 107f

4   Maximilian Heine, Erinnerungen an Heinrich Heine und seine Familie. Von seinem Bruder. Berlin 1868, S. 67

5   Vgl. den beigefügten Ausschnitt aus dem exakt vermessenen "Grundriß der Stadt Lüneburg" von Carl Ernst Appuhn, Ingenieur Fähndrich, 1802. Standort: Museum für das Fürstentum Lüneburg, Lüneburg

6   Vgl. "Lüneburg und Umgebung im Jahr 1813, Genaue farbige Vergrösserung eines im Jahr 1813 aufgenommenen Geländeplans, Gustav Reinecke, Lüneburg 1913". Standort: Museum für das Fürstentum Lüneburg, Lüneburg

7   Heinrich Heine in Lüneburg. Von Carl Cassau. In: Nordwest 8, Bremen 1885, Nr. 33, S. 264

8   Das Baudatum ist unbekannt. 1755/56 sollte die Lüner Torwache repariert, untergründet und mit einem Anbau versehen werden, der auf farbigen Zeichnungen von 1766 und 1768 jedoch nicht zu sehen ist. Vgl. Stadtarchiv Lüneburg [StALg], B 1 Nr. 4 Vol. III

9   Das Gemälde "Alte Brücke" (Standort: Museum für das Fürstentum Lüneburg, Sign. II 46) zeigt einen Teil dieses Gebäudes, das der Lüner Torwache zu gleichen scheint. Der Turm des Altenbrückertores war 1764 abgerissen worden.

10 Vgl. die Gutachten des Baumeisters Spetzler vom 28.4.1827 (StALg, G 5c Nr. 31) und vom 28.7.1831 (StALg, P 1f Nr. 2)

11 Vgl. die Pachtverträge (StALg, G 5a Nr. 59 Vol. I). Direkt am Stadtgraben lag übrigens auch der Garten des Gastwirts H. von Rohden (vgl. StALg, G 5c Nr. 31). Er führte dort wohl eine Kaffeewirtschaft, die Heine am 9.12.1826 offenbar besuchte (vgl. HSA 20, 277: "Rodensgarten").

12 Vgl. "Straßen-Reglement für die Bewohner und Garten-Besitzer vor den Thoren" vom 30.6.1829 (StALg, P 1e Nr. 12)

13 Klaus Briegleb, in: HSS 2, 668

14   HSS 1, 150f

15   Vgl. Evangelisches Kirchengesangbuch, Ausgabe für die evangelisch–lutherischen Kirchen Niedersachsens, Hannover, Lied Nr. 371

16   Arnold Hauser, Sozialgeschichte der Kunst und Literatur, München 1978, S. 692 u. 694f

17   Vgl. HSS 1, 48 ("Die Grenadiere")

18   Vgl. Werner Kraft, Heine, der Dichter, München 1983, S. 60 ("Ein Gedicht aus Lüneburg")

19   Ebenda, S. 59

20   Arnold Hauser, a.a.O., S. 694

21   Vgl. HSA 20, 78, 88f u. 90f

22   Ebenda, S. 96

23   Ebenda, S. 86

24   Vgl. Klaus Brieglebs Ausführungen über Parodie im Werk Heines, in: HSS 2, 661f

25   Vgl. HSS 1, 128 ("Wie der Mond sich leuchtend dränget"):

"Sinnend saß ich zu den Füßen
Einer Dame, schön und hold;
In ihr liebes, bleiches Anlitz
Spielt' das rote Sonnengold."

Ins Bild des "goldenen Haars" spielen Anblick und Erinnerung von "Sonnengold" hinein. Denn das Gedicht gehört offensichtlich dem Umkreis der "Loreley" an. Der Zyklus "Drei und dreißig Gedichte" (1824) beginnt mit der "Loreley", hebt erneut mit dem Lüneburg-Gedicht an und schließt mit "Wie der Mond sich leuchtend dränget" (Vgl. HSS 2, 715). Letzteres scheint eine Situation wiederzugeben, die Heine offenbar vergegenwärtigte, als die "Loreley" entstand (Vgl. HSS 2, 721 u. 729).

26   Vgl. Klaus Briegleb, in: HSS 2, 718-722 ("Quellenbezüge" zur "Loreley")

27   Hans Mayer, Das unglückliche Bewußtsein, Zur deutschen Literaturgeschichte von Lessing bis Heine, Frankfurt/M. 1986, S. 37f ("Grundpositionen: Außenwelt und Innenwelt")

28   Vgl. Leo Löwenthal, Schriften, Herausgegeben von Helmut Dubiel, Bd. 2, Frankfurt/M. 1981, S. 313f ("Die Romantik - die verdrängte Revolution")

29   Theodor W. Adorno, Gesammelte Schriften, Herausgegeben von Rolf Tiedemann, Bd. 2, 2. Aufl., Frankfurt/M. 1984, S. 100 ("Die Wunde Heine")

30   Die Chronologie folgt der Aufstellung in Joseph A. Kruses grundlegender Studie: Ein geistliches Jahr, Heinrich Heines Aufenthalte in Lüneburg, in: Lüneburger Blätter, Heft 21/22, Lüneburg 1970/71, S. 24

31   Eine Eintragung Heines im Gästebuch des "Klubs von 1785" belegt Heines Anwesenheit in Lüneburg schon vor dem 21.9.1825. (Vgl. StALg, Rep. 101/1/A3)

32   Joseph A. Kruse, a.a.O., S. 24, merkt an: "Vielleicht sind der 3. und 4. Aufenthalt nicht voneinander getrennt (die Wochenendreise nach Hamburg ist fraglich!)."

33   Joseph A. Kruse, ebd., merkt an: "Der 6. Aufenthalt (nach einer Angabe von Karpeles) ist unsicher."

34   Joseph A. Kruse, ebd.

D. Biographischer Ort "Lüneburg"

1   Briefe und Reden des Direktors Dr. Karl Haage aus den Jahren 1823 bis 1842 mit einem Abriß seines Lebens. Von Direktor Dr. R. Haage, in: Jahresbericht des Johanneums zu Lüneburg. Ostern 1898, S. 8

2   Heinrich Heine, Säkularausgabe, Werke, Briefwechsel, Lebenszeugnisse, Herausgegeben von den Nationalen Forschungs- und Gedenkstätten der klassischen deutschen Literatur in Weimar und dem Centre National de la Recherche Scientifique in Paris [HSA], Bd. 20, Briefe 1815-1831, Berlin u. Paris 1970, S. 33

3   Vgl. Heinrich Heine, Sämtliche Schriften in zwölf Bänden, Herausgegeben von Klaus Briegleb [HSS], Bd. 1, Frankfurt/M. u.a. 1981, S. 223

4   HSS 3, 162f

5   HSA 20, 110

6   HSA 20, 120

7   Vgl. Stadtarchiv Lüneburg [StALg], Rep. 101/1/A3

8   Vgl. Evelyn Schade, Das Vereinswesen in Lüneburg nach der Wiederaufrichtung des Königreichs Hannover bis zur Mitte des 19. Jahrhunderts, Typoskript, Hamburg 1982. Vorhanden: StALg, Bk Bn 33

9   Vgl. StALg, Rep. 101/1/B11, Bl. 131ff

10 Vgl. ebd., Bl. 211

11 Vgl. Leo Löwenthal, Schriften, Herausgegeben von Helmut Dubiel, Bd. 4, Frankfurt/M. 1984, S. 22 ("Judentum und deutscher Geist")

12 Werner Kraft, Nachwort, in: Heine, Gedicht und Gedanke, Auswahl und Nachwort von Werner Kraft, Berlin 1936, S. 84

13 HSA 20, 96

14 Leo Löwenthal, a.a.O., S. 22

15 Heinrich Heine in Lüneburg. Von Carl Cassau. In: Nordwest 8, Bremen 1885, Nr. 34, S. 279

16 Tagebuchaufzeichnungen des westfälischen Freiherrn Ludwig von Diepenbrock-Grüter über Heinrich Heine, von Karl Schulte-Kemminghausen, in: Festschrift für Jost Trier [...], hrsg. von Benno von Wiese und Karl Heinz Borck, Meisenheim/Glan 1954, S. 294

17   Carl Cassau, a.a.O., S. 279

18   Zitiert nach: Geschichte des Johanneums zu Lüneburg, von [...] Wilhelm Görges und [...] August Nebe, Festschrift zur 500jährigen Jubelfeier des Johanneums im September 1906, Lüneburg 1906, S. 82

19   Carl Cassau, a.a.O., Nr. 33, S. 263

20   HSS 11, 576f

21   Carl Cassau, a.a.O., Nr. 34, S. 278

22   HSS 1, 138f

23   HSA 20, 252

24   Gespräche mit Marx und Engels, Herausgegeben von Hans Magnus Enzensberger, Frankfurt/M. 1973, S. 317

25   Ludwig von Diepenbrock-Grüter, a.a.O., S. 291f

26   HSS 11, 622

27   Siehe Bild 38, Zettel in Privatbesitz

28   Georg Christoph Lichtenberg, Schriften und Briefe, Herausgegeben von Wolfgang Promies, Bd. 1, München 1968, S. 462 ("F 19")

29   Leo Löwenthal, a.a.O., S. 23

30   HSS 7, 578

31   Gershom Scholem, Judaica I, Frankfurt/M. 1981, S. 7f ("Zum Verständnis der messianischen Idee im Judentum")

32   Ludwig von Diepenbrock-Grüter, a.a.O., S. 296

33   Heinrich Heines Beziehungen zu Lüneburg. Von [...] Arthur Zechlin, in: Zeitschrift für den deutschen Unterricht, Jg. 16, H. 9, 1902, S. 556

34   Walter Benjamin/Gershom Scholem, Briefwechsel 1933-1940, Herausgegeben von Gershom Scholem, Frankfurt/M. 1980, S. 156

35   Jüdischer Glaube, Strukturen einer Theologie des Judentums anhand des Maimonidischen Credo, Tübinger Vorlesungen von Schalom Ben-Chorin, 2. Aufl., Tübingen 1979, S. 270; vgl. ebd., S. 268-270

36   Zitiert nach: Arthur Zechlin, a.a.O., S. 552

37   HSA 20, 139

38   HSA 20, 225

39   Psalter und Harfe. Von Carl Johann Philipp Spitta. Funfzigste Auflage. Jubel-Ausgabe. Bremen 1884, S. 76 ("Gottes Gebote sind nicht schwer.")

40   Siehe Bild 38

41   Vgl. Ludwig von Diepenbrock-Grüter, a.a.O., S. 291

42   Vgl. ebenda, S. 292

43   Arthur Zechlin, a.a.O., S. 552

44   Carl Cassau, a.a.O., Nr. 34, S. 279

45   Joseph A. Kruse, Ein geistliches Jahr, Heinrich Heines Aufenthalte in Lüneburg, in: Lüneburger Blätter, Heft 21/22, 1970/71, S. 45

46   HSS 3, 298ff

47   HSS 8, 1022

Nachweise zu den Bildern und Bildunterschriften

Originale

Stadtarchiv Lüneburg: 6 (AB 191, Bl. 159); 7 (AB 73 Nr. 30); 8 (AB 1313); 14, 15 (N Vo 103); 16 (Rep. 111 / 573); 17 (Rep. 111 / 1097 Vol. II); 19 (M 2b Nr. 3, III 37); 22, 23, 24, 25 (P 1b Nr. 11); 26 (AB 73 Nr. 269); 27 (R 13 Nr. 55); 28, 29, (J 1 Nr. 1 Vol. II); 42 (Br. 104); 48 (Rep. 23 / alt: G IV Nr. 3); 49 (Rep. 23, Album 1, S. 194); 50 (Rep 101 / I / B 11, Bl. 131); 51 (Rep. 101 / I / B 15 (1831); 55, 56, 57 (Rep. 101 / I / A 3).

Museum für das Fürstentum Lüneburg, Lüneburg: Titelbild, 3, 18, 20, 31, 32, 34, 41, 43, 47, 53, 54, 60, 61, 63, 64, 65, 66, 67, 68.

Heinrich-Heine-Institut, Düsseldorf: 30, 40.

Ratsbücherei Lüneburg: 45 (MS Hist. 2° 56).

Druckerzeugnisse: 1 (Verlag Zedler & Vogel, Darmstadt 1908, Nr. 4347); 2 (Die Kunstdenkmäler der Provinz Hannover, III. Regierungsbezirk Lüneburg, 2. u. 3. Stadt Lüneburg, bearbeitet von Franz Krüger und Wilhelm Reinecke, Hannover 1906, S. 355); 35 (Lotte u. Wolf Stubbe, Um 1660 auf Reisen gezeichnet, Anthonie Waterloo, 1610-1690, Ansichten aus Hamburg, Altona, Blankenese, Holstein, Bergedorf, Lüneburg und Danzig-Oliva, Hamburg 1983, S. 136 f); 62 (Psalter und Harfe. Von Carl Johann Philipp Spitta, 50. Aufl., Jubel-Ausgabe, Bremen 1884, S. V).

Privatbesitz: 37, 38, 39 (Ruth Haage, Lüneburg); 71, 72 (Klaus Harries, Lüneburg).

Fotografien

Irmtraut Prien, Fotografin, Barendorf: 6, 7, 8, 9, 10, 11, 12, 13, 14, 15, 16, 17, 18, 19, 21, 22, 23, 24, 25, 26, 27, 28, 31, 32, 33, 34, 36, 41, 42, 44, 45, 46, 47, 48, 49, 50, 51, 52, 53, 54, 55, 56, 57, 58, 59, 60, 61, 63, 64, 65, 66, 67, 68, 69, 70.

Gerd Baum, Foto-Repro, Lüneburg: 1, 2 , 5, 29, 35, 37, 38, 39, 62, 71, 72.

Pressefoto Makovec, Lüneburg: 3, 4, 20, 43.

Heinrich-Heine-Institut, Düsseldorf: 40.

Landesbildstelle Rheinland, Düsseldorf: 30.

Literaturnachweis zu den Bildunterschriften

Heinrich Heine, Säkularausgabe, Werke, Briefwechsel, Lebenszeugnisse, Herausgegeben von den Nationalen Forschungs- und Gedenkstätten der klassischen deutschen Literatur in Weimar und dem Centre National de la Recherche Scientifique in Paris, Berlin und Paris, Bd. 20 (1970): 37 (S. 225), 40 (S. 118), 41 (S. 120), 44 (S. 154), 60 (S. 139, 225); Bd. 24 (1974): 45 (S. 130f, 133).

Neue Gedichte von H. Heine, Zweite Auflage, Hamburg 1844: 46 (S. 188f)

Joseph A. Kruse, Ein geistliches Jahr, Heinrich Heines Aufenthalte in Lüneburg, in: Lüneburger Blätter, Heft 21/22, 1970/71, S. 21-47: 49 (S. 25), 59 (S. 36).

Carl Cassau, Heinrich Heine in Lüneburg, in: Nordwest 8, Bremen 1885, Nr. 33, S. 262-264, Nr. 34, S. 278-280: 20 (S. 279), 30 (S. 263).

Arthur Zechlin, Heinrich Heines Beziehungen zu Lüneburg, in: Zeitschrift für den deutschen Unterricht, Jg. 16, H. 9, 1902, S. 540-556: 1 (S. 540), 60 (S. 553).

Tagebuchaufzeichnungen des westfälischen Freiherrn Ludwig von Diepenbrock-Grüter über Heinrich Heine, von Karl Schulte-Kemminghausen, in: Festschrift für Jost Trier, hrsg. v. Benno von Wiese und Karl Heinz Borck, Meisenheim/Glan 1954, S. 277-296: 60 (S. 292).

Carl Johann Philipp Spitta, Psalter und Harfe, 50. Aufl., Jubel-Ausgabe, Bremen 1884: 62 (S. 12), 66 (S. VII).

Rudolf Haage, Briefe und Reden des Direktors Dr. Karl Haage aus den Jahren 1823 bis 1842 mit einem Abriß seines Lebens, in: Jahresbericht des Johanneums zu Lüneburg, Ostern 1898, S. 3-34: 48 (S. 13).

Adolf Brebbermann, Lüneburg in alten Ansichten, Bd. 1, 7. Aufl., Zaltbommel/Niederlande 1980: 21 (Abb. 8).

Bruno Warnemünde, Das Lüneburger Schloß am Markt, Lüneburg 1925: 3 (S. 25 f, 29).

Lunaeburga Saxoniae, Lüneburg im Sachsenland. Nach dem lateinischen Urtext von Lucas Lossius ins Deutsche übertragen von Hans Dumrese, Lüneburg 1956: 4 (S. 22 f).

Statistisches Repertorium über das Königreich Hannover, Vom Canzley-Rath W. Ubbelohde, Hannover 1823: 31 (vgl. 3. Abt., S. 10).

Otto Bender
Die Hamburger Neustadt
1878–1986
Stadtansichten einer Photographenfamilie
Mit historischen Erläuterungen von Dr. Ulrich Bauche,
bibliophil gestaltet, mit ungewöhnlich guter Bildwiedergabe
(Tieftonduplex), Leinen.
ISBN 3-7672-0973-X

Der Wandel des interessantesten und geschichtsträchtigsten Stadt-
teil Hamburgs – der „Neustadt" –, dargestellt anhand von ein-
drucksvollen Bilddokumenten aus der Zeit von etwa 1878 bis zum
Jahr 1986. „Geschossen" wurden die historischen Photos zumeist
von der Hamburger Photographenfamilie Strumper-Bender, ab
1951 ausnahmslos von Otto Bender. Mit einer historischen Einführung von Dr. Ulrich Bauche vom Museum für Hamburgische
Geschichte.

HANSJÖRG MARTIN

Ein Mannsbild zwischen Himmel und Erde

72 Stunden aus dem Leben des Pastors und Dichters Johann Rist
– Christians –

Hansjörg Martin
Ein Mannsbild zwischen Himmel und Erde
72 Stunden aus dem Leben des Pastors und Dichters Johann Rist
160 Seiten mit vielen Abb., Lin.
ISBN 3-7672-1006-1

Wer war Johann Rist? 72 Stunden aus dem Leben eines Wedeler „Barockmenschen" in einer ebenso spannenden wie amüsanten Erzählung aus der Feder des bekannten Schriftstellers Hansjörg Martin.